Enemigos de la Nación: Desenmascarando las Amenazas a la Identidad Dominicana

Sabat Beatto

Índice

Capítulo 7: La ONU y leyes a favor de extranjeros ilegales haitianos

- Análisis de políticas y su implementación.
- Efectos en la soberanía y leyes dominicanas.

Capítulo 8: Corrupción política y desfalco del erario público

- Casos de corrupción y su impacto en la economía.
- Medidas y propuestas para combatir la corrupción.

Capítulo 9: La agenda internacional para unificar la isla

- Movimientos y propuestas de unificación con Haití.
- Diferencias culturales y lingüísticas como obstáculos.

Capítulo 10: Ideología de género y sus efectos en la sociedad dominicana

- Introducción y promoción de la ideología de género.
- Impacto en la cultura y valores tradicionales.

Capítulo 11: Inversión en salud para ilegales y parturientas haitianas

- Análisis del gasto en salud pública.
- Consecuencias para el sistema de salud dominicano.

Capítulo 12: Educación y la presencia de inmigrantes haitianos

- Situación de las escuelas y el acceso a la educación.
- Impacto en la calidad educativa para los dominicanos.

Capítulo 13: ONGs y su rol en la agenda 2030

- Análisis de las relaciones comerciales y sus beneficios/ perjuicios.
- Estrategias para un comercio más equitativo y favorable.

Capítulo 20: Turismo y su papel en la economía dominicana

- Importancia del turismo para la economía.
- Desafíos y oportunidades en el sector turístico.

Capítulo 21: Cultura y preservación de tradiciones

- Importancia de la cultura y tradiciones.
- Estrategias para la preservación cultural.

Capítulo 22: Educación y formación de valores

- Rol de la educación en la formación de identidad.
- Propuestas para fortalecer la educación en valores.

Capítulo 23: Juventud y su papel en el futuro del país

- Situación actual de la juventud dominicana.
- Propuestas para el empoderamiento y participación juvenil.

Capítulo 24: Defensa de la soberanía nacional

- Medidas para proteger la soberanía.
- Casos de éxito y lecciones aprendidas.

Capítulo 25: Impacto de las redes sociales y la digitalización

- Influencia de las redes sociales en la opinión pública.
- Estrategias para una presencia digital positiva.

Capítulo 26: Desafíos ambientales y sostenibilidad

- Problemas ambientales actuales.
- Propuestas para una mayor sostenibilidad.

Capítulo 27: Innovación y tecnología en el desarrollo del país

- Papel de la tecnología en el desarrollo.
- Estrategias para fomentar la innovación.

Capítulo 28: Derechos humanos y justicia social

- Situación de los derechos humanos en la República Dominicana.
- Propuestas para una mayor justicia social.

Capítulo 29: Seguridad y protección ciudadana

- Situación de la seguridad pública.
- Medidas para mejorar la protección ciudadana.

Capítulo 30: Conclusiones y propuestas para el futuro

- Resumen de los puntos clave.
- Propuestas y estrategias para un futuro mejor.

Este plan abarca los temas mencionados y otros aspectos relevantes para comprender la agenda internacional y su impacto en la República Dominicana.

Capítulo 1: Introducción a la idiosincrasia dominicana
Definición y características

La idiosincrasia dominicana es un conjunto de rasgos culturales, comportamientos, y valores que definen y distinguen al pueblo dominicano. Esta idiosincrasia se ha formado a lo largo de siglos, a través de un proceso histórico complejo que incluye influencias indígenas, africanas, europeas, y más recientemente, influencias globales.

Rasgos Culturales

1. **Hospitalidad y Calidez Humana**: Los dominicanos son conocidos por su amabilidad y disposición a ayudar. La hospitalidad es una característica intrínseca, reflejada en la famosa frase "Mi casa es tu casa."
2. **Alegría y Optimismo**: A pesar de los desafíos económicos y sociales, los dominicanos mantienen una actitud positiva y optimista. Las festividades, el baile y la música, especialmente el merengue y la bachata, son expresiones de esta alegría.
3. **Respeto por la Familia y la Comunidad**: La familia es el núcleo fundamental de la sociedad dominicana. El respeto y la lealtad hacia los familiares y la comunidad son valores profundamente arraigados.
4. **Religiosidad**: La religión, predominantemente católica, juega un papel central en la vida de muchos dominicanos. Las festividades religiosas y las tradiciones espirituales son componentes esenciales de la cultura.
5. **Resiliencia y Adaptabilidad**: Los dominicanos han demostrado una notable capacidad para adaptarse y superar adversidades. Esta resiliencia es visible en la manera en que enfrentan desastres naturales y dificultades económicas.

Importancia de la Identidad Cultural

La identidad cultural es esencial para la cohesión y el desarrollo de cualquier sociedad. En la República Dominicana, la identidad cultural no solo ofrece un sentido de pertenencia y orgullo, sino que también actúa como un ancla en tiempos de cambio y desafío.

Preservación de la Historia y Tradiciones

Preservar la historia y las tradiciones es vital para mantener la identidad cultural. La rica herencia histórica de la República Dominicana, desde los tiempos precolombinos con la cultura Taina, hasta la época colonial y la lucha por la independencia, proporciona un marco para comprender y valorar el presente.

Influencia en la Educación y el Desarrollo Social

La educación juega un papel crucial en la transmisión de la identidad cultural. A través del sistema educativo, las nuevas generaciones aprenden sobre su historia, tradiciones y valores, lo que fortalece su sentido de identidad y pertenencia.

Promoción del Turismo y la Economía

La identidad cultural también es un recurso valioso para la economía. El turismo cultural atrae a visitantes interesados en la historia, la música, la danza y las tradiciones dominicanas, generando ingresos y empleo para el país.

Protección contra la Homogeneización Cultural

En un mundo cada vez más globalizado, la protección de la identidad cultural es esencial para evitar la homogeneización cultural. La diversidad cultural es una fuente de riqueza y debe ser protegida y promovida.

La idiosincrasia dominicana es una rica y vibrante mezcla de influencias históricas y culturales que han dado forma a un pueblo resiliente, alegre y profundamente arraigado en sus valores y tradiciones. Reconocer y celebrar esta identidad no solo fortalece el sentido de pertenencia y orgullo nacional, sino que también proporciona una base sólida para enfrentar los desafíos del futuro. La preservación y promoción de la identidad cultural dominicana son esenciales para mantener la cohesión social y asegurar un desarrollo sostenible y armonioso.

Capítulo 2: Historia y construcción de la República Dominicana

Resumen de la historia dominicana

La historia de la República Dominicana es una narrativa rica y compleja que abarca siglos de colonización, resistencia, independencia y desarrollo. Desde los tiempos precolombinos hasta la era contemporánea, el territorio dominicano ha sido escenario de eventos que han moldeado su identidad cultural y social.

Época Precolombina

Antes de la llegada de los europeos, la isla que hoy conocemos como La Española, compartida por Haití y la República Dominicana, estaba habitada por los Tainos. Este pueblo indígena tenía una sociedad organizada, con una estructura política encabezada por caciques. Los Tainos eran agricultores, pescadores y artesanos, conocidos por sus avanzadas técnicas agrícolas y sus bellas artesanías en cerámica y piedra.

La Llegada de Colón y la Colonización Española

En 1492, Cristóbal Colón llegó a la isla durante su primer viaje al Nuevo Mundo. La llegada de los españoles marcó el comienzo de un período de colonización que transformó radicalmente la sociedad Taina. La explotación y las enfermedades traídas por los colonizadores diezmaron la población indígena, pero la influencia Taina persiste en la cultura dominicana, especialmente en el lenguaje, la gastronomía y las costumbres.

La Lucha por la Independencia

El dominio español sobre la isla fue interrumpido en varias ocasiones, primero por la ocupación francesa y luego por la dominación haitiana. En 1844, después de un largo período de resistencia, los dominicanos lograron su independencia bajo el liderazgo de Juan Pablo Duarte y los trinitarios, quienes establecieron la República Dominicana.

La Era de Trujillo

El siglo XX estuvo marcado por la dictadura de Rafael Leónidas Trujillo, cuyo régimen autoritario, aunque represivo, también promovió la infraestructura y el nacionalismo. La caída de Trujillo en 1961 dio paso a un período de inestabilidad política, pero también a un proceso de democratización.

Democracia y Desarrollo

Desde la segunda mitad del siglo XX, la República Dominicana ha experimentado un crecimiento económico y una consolidación de su democracia, aunque no sin desafíos. La migración, tanto interna como externa, y las influencias globales continúan moldeando la identidad dominicana.

Importancia de la herencia Taina y mestiza

La herencia Taina y mestiza es fundamental para entender la identidad cultural de la República Dominicana. A pesar de los intentos históricos de erradicar su presencia, la influencia Taina sigue siendo palpable en numerosos aspectos de la vida dominicana.

Herencia Taina

1. **Idioma y Nombres**: Muchas palabras del idioma Taino se han incorporado al español dominicano. Nombres de lugares como "Higuey" y "Samaná" y palabras como "hamaca", "barbacoa" y "tabaco" son legados lingüísticos de los Tainos.
2. **Gastronomía**: La dieta Taina, basada en yuca, maíz, y pescado, ha dejado una huella duradera en la cocina dominicana. Platos tradicionales como el casabe (pan de yuca) y el pescado con coco reflejan esta influencia.
3. **Artesanía y Cultura**: Los Tainos eran expertos artesanos, y sus técnicas y estilos se pueden ver en la cerámica y el arte popular dominicano. Además, algunas prácticas culturales y rituales espirituales tienen raíces Tainas.

Herencia Mestiza

La mezcla de culturas indígenas, africanas y europeas ha creado una identidad mestiza única en la República Dominicana. Este mestizaje es una fuente de orgullo y una prueba de la resiliencia y adaptabilidad del pueblo dominicano.

1. **Música y Danza**: La música dominicana, especialmente el merengue y la bachata, es un producto del mestizaje cultural. Estos géneros combinan ritmos africanos, melodías europeas y elementos Tainos.

2. **Religión y Espiritualidad**: La religiosidad dominicana es un sincretismo de creencias católicas y prácticas africanas y Tainas. Las festividades religiosas y los rituales comunitarios reflejan esta rica herencia espiritual.

3. **Costumbres y Tradiciones**: Las celebraciones, las prácticas agrícolas y las formas de vida comunitaria muestran la integración de diversas influencias culturales. Las fiestas patronales, el carnaval y las danzas tradicionales son ejemplos de esta mezcla cultural.

La historia y la herencia cultural de la República Dominicana son pilares fundamentales de su identidad nacional. Desde los Tainos precolombinos hasta el mestizaje contemporáneo, cada período histórico ha contribuido a la formación de un pueblo resiliente, orgulloso de su diversidad y sus raíces. Defender y celebrar esta herencia es esencial para fortalecer la identidad dominicana y asegurar que las futuras generaciones comprendan y valoren su rica historia y cultura.

Capítulo 3: Grupos en contra de la verdadera historia dominicana

Identificación de grupos y sus objetivos

En la República Dominicana, varios grupos y actores, tanto internos como externos, han intentado reescribir o distorsionar aspectos clave de la historia nacional. Estos esfuerzos, en muchas ocasiones, responden a agendas políticas, económicas o sociales específicas que buscan influir en la percepción pública y moldear la identidad cultural del país.

Grupos Académicos y Revisionistas

Algunos académicos y revisionistas han cuestionado aspectos establecidos de la historia dominicana, promoviendo narrativas alternativas que pueden minimizar o distorsionar hechos históricos. Sus objetivos incluyen:

1. **Revisar la Colonización Española**: Estos grupos tienden a reinterpretar el impacto de la colonización española, a veces resaltando solo los aspectos negativos y omitiendo contribuciones culturales y estructurales significativas.

2. **Revaluar Figuras Históricas**: Promueven revisiones de la reputación de figuras clave como Juan Pablo Duarte y otros próceres de la independencia, a menudo con el fin de destacar sus errores o cuestionar sus motivaciones.

Organizaciones Internacionales

Varias organizaciones internacionales, incluyendo ONGs y organismos multilaterales, también han influido en la narrativa histórica dominicana, a veces con objetivos que pueden ir en contra de la interpretación tradicional de la historia nacional:

1. **Promoción de Agendas Políticas**: Algunas ONGs promueven agendas políticas que buscan una reinterpretación de la historia en favor de una integración regional más

profunda, lo que puede incluir la desestimación de diferencias culturales y lingüísticas con Haití.

2. **Fomento de Derechos Humanos y Diversidad**: Mientras que la promoción de derechos humanos y diversidad es esencial, algunas organizaciones lo hacen de una manera que puede parecer que ignoran o minimizan las particularidades históricas y culturales dominicanas.

Medios de Comunicación

Los medios de comunicación, tanto nacionales como internacionales, juegan un papel crucial en la formación de la percepción pública. Algunos medios pueden, intencionalmente o no, contribuir a una visión distorsionada de la historia dominicana:

1. **Cobertura Sesgada**: La cobertura selectiva o sesgada de eventos históricos y contemporáneos puede crear una percepción pública que no refleja la complejidad de la realidad dominicana.

2. **Falta de Contexto**: Informes que carecen de contexto histórico y cultural adecuado pueden llevar a malentendidos y estereotipos.

Impacto en la percepción histórica y cultural

La influencia de estos grupos y sus narrativas tiene consecuencias significativas para la percepción histórica y cultural de la República Dominicana.

Erosión de la Identidad Nacional

La reinterpretación de la historia puede llevar a una erosión de la identidad nacional. Si las generaciones jóvenes son expuestas a narrativas que minimizan o distorsionan hechos históricos clave, pueden perder el sentido de orgullo y pertenencia hacia su herencia cultural.

1. **Confusión sobre la Historia**: La proliferación de narrativas conflictivas puede causar confusión sobre la verdadera historia del país, debilitando la cohesión social.
2. **Desvalorización de Figuras Históricas**: La desvalorización de figuras históricas importantes puede afectar el respeto y la admiración hacia los héroes nacionales.

Polarización Social

Las narrativas revisionistas pueden fomentar la polarización social, dividiendo a la población en base a interpretaciones históricas divergentes.

1. **Conflictos Ideológicos**: Diferentes grupos pueden alinearse con distintas versiones de la historia, creando conflictos ideológicos que dificultan el consenso y la cooperación.
2. **Tensiones Culturales**: La falta de reconocimiento de la diversidad y la complejidad de la identidad dominicana puede aumentar las tensiones culturales internas y con países vecinos.

Influencia Externa en la Política Nacional

La presión de grupos y organizaciones internacionales puede influir en las políticas nacionales de manera que no siempre refleja los intereses y necesidades de la población dominicana.

1. **Dependencia de Ayuda Internacional**: La dependencia de ayuda y financiamiento internacional puede llevar a que el país adopte políticas y narrativas alineadas con las agendas de los donantes, en detrimento de la historia y la cultura locales.
2. **Intervención en Asuntos Internos**: La intervención en asuntos internos bajo el pretexto de promover derechos humanos o desarrollo puede socavar la soberanía nacional y la capacidad de autodeterminación del país.

La historia de la República Dominicana es una parte integral de su identidad cultural y nacional. La influencia de grupos y narrativas que buscan distorsionar o reinterpretar esta historia presenta desafíos significativos para la preservación de la identidad dominicana. Es crucial que los dominicanos, especialmente las nuevas generaciones, sean educados y conscientes de su verdadera historia, defendiendo y celebrando su rica herencia cultural. Solo a través de una comprensión precisa y orgullosa de su pasado, la República Dominicana puede enfrentar los desafíos del presente y construir un futuro cohesionado y próspero.

Capítulo 4: Erradicación de la herencia Taina y mestiza

Casos y ejemplos

La herencia Taina y mestiza es una parte integral de la identidad cultural dominicana, pero a lo largo de la historia, han habido esfuerzos conscientes e inconscientes para erradicar o minimizar esta herencia. Estos esfuerzos han tenido un impacto significativo en la percepción y la preservación de la cultura dominicana.

Casos de Erradicación Cultural

1. **Colonización y Evangelización Española**: Durante la colonización española, hubo un intento sistemático de erradicar la cultura Taina. Los españoles introdujeron el cristianismo y forzaron a los Tainos a abandonar sus creencias y prácticas religiosas. Muchas de las tradiciones, lenguas y costumbres Tainas fueron suprimidas.

2. **Imposición de la Cultura Europea**: La colonización también trajo consigo la imposición de la cultura europea sobre las prácticas culturales indígenas. Las estructuras sociales, sistemas de gobierno y prácticas agrícolas de los Tainos fueron reemplazadas por las europeas, lo que llevó a

una disminución significativa de las tradiciones y conocimientos indígenas.

3. **Discriminación y Estigmatización**: A lo largo de la historia, las personas de ascendencia Taina y africana han enfrentado discriminación y estigmatización. Esta discriminación ha llevado a una negación de la identidad mestiza y una preferencia por las características culturales europeas.

Ejemplos Contemporáneos

1. **Educación y Curriculum Escolar**: En el sistema educativo dominicano, ha habido una tendencia a minimizar la enseñanza de la historia y la cultura Taina. Los currículos escolares a menudo se centran más en la historia europea y colonial, dejando de lado la rica herencia indígena y africana del país.

2. **Medios de Comunicación y Representación Cultural**: Los medios de comunicación en la República Dominicana a menudo representan una imagen más europea de la cultura dominicana, relegando a un segundo plano las influencias Tainas y africanas. Esta representación selectiva contribuye a la percepción de que la herencia Taina y mestiza es menos valiosa o menos auténtica.

3. **Políticas Gubernamentales**: En algunos casos, las políticas gubernamentales no han promovido activamente la preservación de la cultura Taina y mestiza. La falta de apoyo a iniciativas culturales y la insuficiente protección de sitios históricos indígenas son ejemplos de cómo se puede marginalizar esta herencia.

Consecuencias Culturales y Sociales

La erradicación de la herencia Taina y mestiza ha tenido profundas consecuencias culturales y sociales en la República Dominicana.

Pérdida de Identidad Cultural

1. **Desconexión con las Raíces**: La minimización de la herencia Taina y mestiza ha llevado a una desconexión con las raíces culturales. Muchas personas desconocen la importancia de los Tainos en la historia y cultura dominicanas, lo que debilita el sentido de identidad y pertenencia.

2. **Desvalorización de la Cultura Indígena y Africana**: La falta de reconocimiento y valoración de la herencia Taina y africana ha llevado a una desvalorización de estas culturas. Las contribuciones de los Tainos y africanos a la gastronomía, música, danza y otras áreas culturales a menudo no se aprecian en su justa medida.

Fragmentación Social

1. **Tensiones Raciales y Étnicas**: La negación de la herencia mestiza puede contribuir a tensiones raciales y étnicas. La discriminación basada en el color de la piel y el origen étnico es una realidad que afecta la cohesión social y el respeto mutuo.

2. **Desigualdad Social**: La marginalización de las personas de ascendencia Taina y africana también se refleja en desigualdades sociales y económicas. Estas comunidades a menudo enfrentan mayores desafíos en términos de acceso a la educación, empleo y servicios de salud.

Pérdida de Conocimientos Tradicionales

1. **Extinción de Prácticas Culturales**: La erradicación cultural ha llevado a la extinción de muchas prácticas y conocimientos tradicionales. Las técnicas agrícolas, los remedios medicinales y las prácticas artesanales indígenas se han perdido o están en

peligro de desaparecer.

2. **Desaparición de Lenguas y Tradiciones**: Las lenguas Tainas y muchas tradiciones orales han desaparecido debido a la falta de transmisión intergeneracional. La pérdida de estas lenguas y tradiciones representa una pérdida irremplazable para el patrimonio cultural de la República Dominicana.

La herencia Taina y mestiza es una parte esencial de la identidad cultural de la República Dominicana. Los esfuerzos para erradicar esta herencia han tenido profundas consecuencias culturales y sociales, debilitando el sentido de identidad y cohesión social. Es crucial reconocer, valorar y preservar la herencia Taina y mestiza para fortalecer la identidad nacional y promover una sociedad más inclusiva y equitativa. A través de la educación, la representación cultural y las políticas de apoyo, es posible revivir y celebrar la rica historia y cultura que define a la República Dominicana.

Capítulo 5: Ataques a la herencia judeo-cristiana
Agenda pro-Haitiana y sus implicaciones

La República Dominicana ha sido históricamente un país con profundas raíces judeo-cristianas, influenciado principalmente por la colonización española que introdujo el catolicismo como la religión predominante. Sin embargo, en las últimas décadas, se han observado esfuerzos que buscan integrar de manera más profunda a la población haitiana en la sociedad dominicana. Estos esfuerzos, aunque bien intencionados en muchos casos, han suscitado preocupaciones sobre la posible erosión de la herencia cultural y religiosa dominicana.

Componentes de la Agenda pro-Haitiana

1. **Promoción de la Inclusión y los Derechos Humanos**: Muchas organizaciones internacionales y ONGs han promovido la inclusión de haitianos en la sociedad dominicana, defendiendo sus derechos humanos y abogando por mejores condiciones de vida para esta población. Si bien la promoción de derechos humanos es esencial, estas acciones a veces pueden percibirse como una imposición de valores que no consideran plenamente las particularidades culturales dominicanas.

2. **Educación y Curriculum Escolar**: Algunas propuestas educativas buscan incluir una mayor representación de la historia y cultura haitianas en el curriculum escolar dominicano. Aunque es importante promover el entendimiento y la tolerancia, esto ha generado preocupaciones sobre la posible dilución de la enseñanza de la historia y cultura dominicanas.

3. **Políticas de Inmigración y Ciudadanía**: Las políticas que facilitan la regularización y ciudadanía de inmigrantes haitianos son vistas por algunos sectores como un intento de modificar la composición demográfica del país. Estas políticas

han sido objeto de debate y controversia, con argumentos a favor y en contra basados en consideraciones económicas, sociales y culturales.

Implicaciones Culturales y Sociales

1. **Cambio Demográfico y Cultural**: La integración de una población significativa de origen haitiano puede llevar a cambios en la composición demográfica y cultural del país. Esto puede influir en las tradiciones, costumbres y prácticas culturales dominicanas, generando temores de una posible pérdida de identidad.
2. **Tensiones Sociales**: Las políticas pro-Haitianas, si no se gestionan adecuadamente, pueden generar tensiones sociales y conflictos. La percepción de competencia por recursos limitados, como empleo y servicios sociales, puede exacerbar las divisiones y aumentar los sentimientos de resentimiento y xenofobia.
3. **Desafíos para la Cohesión Nacional**: La cohesión nacional puede verse comprometida si las políticas de integración no se implementan de manera que respeten y valoren la identidad cultural dominicana. Es esencial encontrar un equilibrio entre la inclusión y la preservación de la herencia cultural.

Defensa de la identidad religiosa dominicana

La identidad religiosa dominicana, basada en la herencia judeo-cristiana, es un pilar fundamental de la sociedad. La defensa de esta identidad no implica la exclusión de otras culturas o religiones, sino la afirmación y preservación de los valores y tradiciones que han definido al país durante siglos.

Importancia de la Herencia Judeo-Cristiana

1. **Valores y Principios Éticos**: La herencia judeo-cristiana ha

inculcado en la sociedad dominicana valores y principios éticos que son esenciales para la cohesión social, como la solidaridad, la justicia y el respeto por la dignidad humana.

2. **Tradiciones y Celebraciones**: Las festividades religiosas, como la Semana Santa, Navidad y el Día de los Santos Reyes, son parte integral de la vida cultural dominicana. Estas celebraciones no solo tienen un significado religioso, sino que también fortalecen los lazos comunitarios y la identidad nacional.

3. **Instituciones Sociales**: Las iglesias y organizaciones religiosas han jugado un papel crucial en la provisión de servicios sociales, educación y apoyo comunitario. La influencia positiva de estas instituciones en la sociedad es un testimonio de la importancia de la herencia judeo-cristiana.

Estrategias para la Defensa de la Identidad Religiosa

1. **Educación y Conciencia**: Es fundamental educar a las nuevas generaciones sobre la importancia de la herencia judeo-cristiana y su impacto en la formación de la identidad nacional. Programas educativos que integren la historia y los valores judeo-cristianos pueden fortalecer este conocimiento.

2. **Promoción de la Tolerancia y el Diálogo Intercultural**: La defensa de la identidad religiosa no debe llevar a la exclusión de otras culturas y religiones. Promover el diálogo intercultural y la tolerancia es esencial para construir una sociedad inclusiva y respetuosa.

3. **Apoyo a Instituciones Religiosas**: El apoyo a las iglesias y organizaciones religiosas que trabajan en beneficio de la comunidad es crucial. Estas instituciones deben ser fortalecidas y apoyadas para continuar su labor en la promoción de valores y el desarrollo social.

4. **Políticas Culturales y Sociales**: Las políticas públicas deben

reflejar un respeto por la herencia cultural y religiosa del país. Esto incluye la protección de sitios históricos, la promoción de festividades religiosas y el apoyo a iniciativas culturales que resalten la identidad nacional.

La herencia judeo-cristiana es un componente esencial de la identidad dominicana. Frente a las dinámicas de integración pro-Haitiana, es crucial encontrar un equilibrio que permita la inclusión y el respeto por los derechos humanos, sin comprometer la riqueza cultural y religiosa que define a la República Dominicana. A través de la educación, el diálogo y el apoyo a las instituciones religiosas y culturales, es posible defender y fortalecer la identidad religiosa dominicana, asegurando que las futuras generaciones valoren y preserven este legado.

Capítulo 6: Negocios chinos y evasión de leyes dominicanas
Prácticas comerciales y laborales de empresarios chinos

En los últimos años, la presencia de negocios chinos en la República Dominicana ha crecido significativamente. Esta expansión ha generado tanto oportunidades como desafíos, especialmente en términos de cumplimiento de las leyes locales y la inclusión de trabajadores dominicanos en el mercado laboral.

Evasión de leyes y regulaciones

1. **Contratación de Mano de Obra Ilegal**: Un problema recurrente es la contratación de trabajadores haitianos ilegales. Muchos negocios chinos prefieren contratar mano de obra haitiana debido a los menores costos asociados y la disposición de estos trabajadores a aceptar condiciones laborales menos favorables. Esta práctica no solo es ilegal, sino que también excluye a los dominicanos del mercado

laboral.

2. **Evasión de Impuestos**: Algunos empresarios chinos son acusados de evadir impuestos mediante diversas tácticas, como subdeclaración de ingresos y falsificación de documentos contables. Esta evasión fiscal priva al estado dominicano de recursos cruciales para el desarrollo económico y social.

3. **Condiciones Laborales Precarias**: Las condiciones de trabajo en muchos establecimientos chinos son frecuentemente denunciadas por ser precarias. Los empleados, en su mayoría haitianos y a menudo ilegales, trabajan largas horas por salarios bajos, sin acceso a beneficios sociales ni condiciones laborales justas.

Impacto en el mercado local

1. **Competencia Desleal**: La evasión de impuestos y la contratación de mano de obra barata permiten a los negocios chinos ofrecer productos a precios más bajos que sus competidores locales. Esto crea una competencia desleal que puede llevar a la quiebra a pequeños y medianos empresarios dominicanos que cumplen con todas las regulaciones.

2. **Calidad de Productos y Servicios**: Algunos consumidores han reportado preocupaciones sobre la calidad de los productos vendidos en negocios chinos, así como sobre la seguridad alimentaria en restaurantes. La falta de cumplimiento con las normas de calidad y seguridad puede poner en riesgo la salud pública.

Impacto en la economía y empleo dominicano
Desempleo y Subempleo

1. **Exclusión de Trabajadores Dominicanos**: La preferencia

por contratar trabajadores haitianos ilegales en lugar de dominicanos ha contribuido a tasas de desempleo y subempleo más altas entre la población local. Esta exclusión tiene efectos negativos en la estabilidad económica y social de las comunidades dominicanas.

2. **Efectos en el Mercado Laboral**: La contratación de mano de obra barata y las prácticas laborales precarias presionan a la baja los salarios y las condiciones de trabajo en general. Esto afecta a todos los trabajadores, ya que las empresas locales se ven obligadas a competir con condiciones desfavorables.

Evasión Fiscal y Desarrollo Económico

1. **Pérdida de Ingresos Fiscales**: La evasión de impuestos por parte de negocios chinos representa una pérdida significativa de ingresos para el estado dominicano. Estos recursos son esenciales para financiar servicios públicos, infraestructura y programas sociales que beneficien a toda la población.

2. **Desigualdad Económica**: La evasión fiscal y la competencia desleal contribuyen a una mayor desigualdad económica. Mientras que algunos empresarios chinos pueden beneficiarse significativamente de estas prácticas, la mayoría de los dominicanos no ve los beneficios reflejados en mejoras económicas y sociales.

Medidas para enfrentar el problema
Fortalecimiento de la legislación y la regulación

1. **Refuerzo de la Inspección Laboral y Fiscal**: Es crucial fortalecer los mecanismos de inspección y control para asegurar que todos los negocios cumplan con las leyes laborales y fiscales. Esto incluye aumentar la frecuencia de las inspecciones y aplicar sanciones más severas a quienes violen

las leyes.

2. **Promoción de la Inclusión Laboral**: Implementar políticas que incentiven a las empresas a contratar a trabajadores dominicanos y a cumplir con las normas laborales. Esto podría incluir beneficios fiscales o subsidios para las empresas que demuestren prácticas laborales justas y legales.

Educación y Sensibilización

1. **Campañas de Concientización**: Realizar campañas de concientización dirigidas tanto a empresarios como a consumidores sobre la importancia de cumplir con las leyes y apoyar a negocios que respeten las normas laborales y fiscales.
2. **Formación y Capacitación**: Ofrecer programas de formación y capacitación para trabajadores dominicanos para mejorar su competitividad en el mercado laboral y asegurar que puedan acceder a empleos de calidad.

Cooperación Internacional

1. **Colaboración con el Gobierno Chino**: Establecer acuerdos de cooperación con el gobierno chino para asegurar que los empresarios chinos operen de acuerdo con las leyes dominicanas. Esto podría incluir la implementación de mecanismos de monitoreo y control conjunto.
2. **Participación en Foros Internacionales**: Participar activamente en foros internacionales sobre comercio y derechos laborales para promover prácticas comerciales justas y equitativas.

Los negocios chinos en la República Dominicana representan tanto una oportunidad como un desafío. Si bien su presencia puede contribuir al crecimiento económico, es esencial que operen dentro del marco legal y respeten las normas laborales y fiscales del país. La defensa de la herencia cultural y la promoción de la justicia económica requieren un esfuerzo conjunto del gobierno, la sociedad civil y la comunidad internacional para asegurar que todos los actores económicos jueguen según las mismas reglas y contribuyan al bienestar y desarrollo del país.

Capítulo 7: La ONU y leyes a favor de extranjeros ilegales haitianos

Análisis de políticas y su implementación

En los últimos años, la República Dominicana ha sido objeto de diversas iniciativas internacionales, particularmente promovidas por la Organización de las Naciones Unidas (ONU), destinadas a proteger los derechos de los inmigrantes haitianos. Estas políticas, aunque motivadas por principios de derechos humanos y justicia social, han generado controversias y tensiones dentro del país.

Políticas de Protección y Derechos Humanos

1. **Derechos de los Migrantes**: La ONU ha instado a la República Dominicana a adoptar políticas que garanticen los derechos básicos de los inmigrantes haitianos, incluidos el acceso a la educación, la salud y el empleo. Estas recomendaciones buscan asegurar que los migrantes no sufran discriminación y que se respeten sus derechos humanos.

2. **Regularización y Documentación**: Una de las principales políticas impulsadas por la ONU es la regularización y documentación de inmigrantes haitianos en situación irregular. Esto incluye facilitar la obtención de permisos de residencia y trabajo para aquellos que han vivido en el país durante un período prolongado.

3. **Protección contra Deportaciones Arbitrarias**: La ONU ha abogado por la protección de los inmigrantes haitianos contra deportaciones arbitrarias, instando a que se respeten los debidos procesos legales y que se brinde asistencia legal a los afectados.

Implementación en la República Dominicana

1. **Desafíos Logísticos y Administrativos**: La implementación

de estas políticas ha enfrentado numerosos desafíos logísticos y administrativos. La capacidad del gobierno dominicano para registrar y documentar a todos los inmigrantes ilegales es limitada, lo que ha llevado a demoras y problemas en el proceso.

2. **Resistencia Social y Política**: Las políticas de regularización han generado resistencia tanto en la esfera política como entre la población en general. Muchos dominicanos ven estas políticas como una amenaza a su soberanía y una imposición externa que no toma en cuenta las realidades y capacidades del país.

3. **Impacto en los Servicios Públicos**: La inclusión de un gran número de inmigrantes ilegales en los sistemas de educación y salud ha sobrecargado estos servicios, afectando su calidad y disponibilidad para los ciudadanos dominicanos.

Efectos en la soberanía y leyes dominicanas
Soberanía Nacional

1. **Percepción de Intervención Externa**: La presión de la ONU y otras organizaciones internacionales para que la República Dominicana adopte políticas específicas hacia los inmigrantes haitianos es vista por muchos como una intervención en asuntos internos. Esto ha generado un sentimiento de que la soberanía nacional está siendo comprometida.

2. **Autonomía en la Toma de Decisiones**: Las recomendaciones y presiones externas pueden limitar la capacidad del gobierno dominicano para tomar decisiones soberanas que reflejen las necesidades y deseos de su población. La implementación de políticas dictadas desde fuera puede erosionar la confianza en las instituciones nacionales.

Leyes y Orden Público

1. **Cumplimiento de la Ley**: La presencia de inmigrantes ilegales plantea desafíos significativos para el cumplimiento de la ley. Las políticas de regularización, si no se manejan adecuadamente, pueden incentivar la inmigración ilegal al crear la percepción de que la ilegalidad será eventualmente recompensada con la legalización.

2. **Integración y Convivencia Social**: Las políticas dirigidas a los inmigrantes haitianos deben equilibrarse con la necesidad de mantener la cohesión social y el orden público. La integración de un gran número de inmigrantes ilegales puede generar tensiones y conflictos si no se gestiona de manera inclusiva y respetuosa de los derechos de todos los ciudadanos.

Impacto Económico

1. **Mercado Laboral**: La regularización de inmigrantes haitianos puede afectar el mercado laboral, particularmente en sectores donde ya existe competencia por empleos. Los trabajadores dominicanos pueden sentirse desplazados o enfrentarse a salarios más bajos debido a la entrada de trabajadores regularizados.

2. **Recursos Públicos**: La provisión de servicios públicos a un número creciente de inmigrantes ilegales regularizados puede desviar recursos de la población local. Esto incluye servicios de salud, educación y asistencia social, que ya están bajo presión.

La influencia de la ONU y las políticas a favor de los inmigrantes ilegales haitianos en la República Dominicana presentan desafíos complejos para la soberanía nacional y el orden público. Si bien es crucial proteger los derechos humanos y asegurar un trato justo para todos los individuos, estas políticas deben implementarse de manera que respeten la soberanía del país y no sobrecarguen sus recursos y servicios públicos. Es fundamental encontrar un equilibrio que permita la integración y el respeto de los derechos humanos sin comprometer la estabilidad y la cohesión social de la República Dominicana. La defensa de la herencia cultural y la identidad nacional dominicana es esencial para asegurar un futuro próspero y armonioso para todos sus habitantes.

Capítulo 8: Corrupción política y desfalco del erario público
Casos de corrupción y su impacto en la economía

La corrupción política y el desfalco del erario público son problemas arraigados que han afectado profundamente a la República Dominicana. Estos actos ilícitos no solo erosionan la confianza pública en las instituciones, sino que también tienen un impacto devastador en la economía y el bienestar de la población.

Casos de Corrupción

1. **Caso Odebrecht**: Uno de los casos más notorios de corrupción en la República Dominicana es el escándalo de Odebrecht. Esta empresa brasileña admitió haber pagado millones de dólares en sobornos a funcionarios dominicanos para obtener contratos de obras públicas. El escándalo afectó a múltiples niveles del gobierno y expuso la profundidad de la corrupción en el país.

2. **Fraudes en la Administración Pública**: Diversos informes y auditorías han revelado fraudes en la administración pública, incluyendo la malversación de fondos destinados a programas sociales y de infraestructura. Estos fraudes no solo desvían recursos críticos, sino que también perjudican directamente a los ciudadanos más vulnerables.

3. **Contratos Irregulares y Sobornos**: Numerosos casos han surgido en los que contratos gubernamentales se han otorgado a empresas a cambio de sobornos. Estas prácticas no solo resultan en la pérdida de recursos públicos, sino que también conducen a la ejecución de proyectos de baja calidad y sobrecosteados.

Impacto en la Economía

1. **Desviación de Recursos Públicos**: La corrupción desvía fondos públicos que deberían destinarse a servicios esenciales

como la salud, la educación y la infraestructura. Esto debilita la capacidad del gobierno para proporcionar servicios básicos a la población y promueve la desigualdad.

2. **Falta de Inversión y Desarrollo**: La percepción de alta corrupción desalienta la inversión extranjera y local. Los inversionistas prefieren mercados transparentes y predecibles, y la corrupción crea un ambiente de incertidumbre y riesgo, lo que retrasa el desarrollo económico.

3. **Aumento de la Deuda Pública**: La mala gestión y el desfalco de fondos públicos pueden llevar al aumento de la deuda pública, ya que el gobierno recurre a préstamos para financiar proyectos y cubrir déficits provocados por la corrupción. Esto coloca una carga adicional sobre las futuras generaciones.

4. **Erosión de la Confianza Pública**: La corrupción generalizada socava la confianza de los ciudadanos en sus líderes y en las instituciones gubernamentales. Esta desconfianza puede llevar a una disminución en la participación cívica y un debilitamiento del contrato social.

**Medidas y propuestas para combatir la corrupción
Fortalecimiento Institucional**

1. **Independencia Judicial**: Es fundamental asegurar la independencia del poder judicial para que pueda actuar sin interferencias políticas en la persecución de actos de corrupción. Esto incluye la protección de jueces y fiscales contra presiones externas y la garantía de que los casos de corrupción sean investigados y procesados con imparcialidad.

2. **Transparencia y Rendición de Cuentas**: Implementar mecanismos de transparencia en todas las etapas del proceso gubernamental. Esto puede incluir la publicación de contratos gubernamentales, informes de auditoría y gastos públicos en plataformas accesibles para todos los ciudadanos.

3. **Fortalecimiento de Entidades de Control**: Aumentar los recursos y la autonomía de entidades como la Cámara de Cuentas y la Procuraduría General de la República, para que puedan llevar a cabo sus funciones de supervisión y control de manera efectiva.

Participación Ciudadana y Educación

1. **Fomento de la Participación Ciudadana**: Promover la participación activa de la sociedad civil en la vigilancia del uso de los recursos públicos. Esto incluye el apoyo a organizaciones no gubernamentales y grupos comunitarios que trabajan en temas de transparencia y anticorrupción.
2. **Educación Cívica**: Incluir programas de educación cívica en el currículo escolar para enseñar a los estudiantes sobre la importancia de la integridad, la transparencia y la rendición de cuentas. La educación es una herramienta poderosa para crear una cultura de cero tolerancia a la corrupción.

Uso de Tecnología

1. **Gobierno Electrónico**: Implementar sistemas de gobierno electrónico para reducir las oportunidades de corrupción. Los procesos automatizados y las plataformas en línea para la gestión de trámites pueden reducir el contacto directo entre funcionarios y ciudadanos, disminuyendo así las posibilidades de sobornos.
2. **Blockchain para la Transparencia**: Explorar el uso de tecnologías como blockchain para crear registros inmutables de transacciones gubernamentales. Esta tecnología puede mejorar la transparencia y la trazabilidad de los recursos públicos.

Medidas Legales y Punitivas

1. **Sanciones Severas**: Establecer y aplicar sanciones severas para los actos de corrupción, incluyendo penas de cárcel significativas y la confiscación de bienes obtenidos ilícitamente. Las leyes deben ser claras y aplicarse de manera consistente.

2. **Protección a Denunciantes**: Implementar mecanismos de protección para los denunciantes de corrupción, asegurando que aquellos que reporten actos corruptos no enfrenten represalias. Esto puede incluir programas de protección de testigos y garantías legales.

La corrupción política y el desfalco del erario público son amenazas serias para la estabilidad económica y social de la República Dominicana. Combatir estos males requiere un esfuerzo concertado y multifacético que involucre tanto al gobierno como a la sociedad civil. Solo a través de la implementación de medidas efectivas, la promoción de la transparencia y la participación ciudadana, y el uso de tecnología innovadora, se puede construir un futuro en el que la corrupción no tenga lugar y la herencia cultural y la identidad dominicana sean defendidas y preservadas para las futuras generaciones.

**Capítulo 9: La agenda internacional para unificar la isla
Movimientos y propuestas de unificación con Haití**

La idea de unificar la isla de La Española, compartida por la República Dominicana y Haití, ha sido planteada en diversos foros internacionales y promovida por algunos grupos y organizaciones. Sin embargo, esta agenda de unificación presenta numerosos desafíos y preocupaciones para la población dominicana, que percibe esta propuesta como una amenaza a su identidad cultural, social y nacional.

Movimientos y Propuestas

1. **Propuestas de Integración Económica**: Algunos organismos internacionales han sugerido la creación de zonas económicas especiales que abarcarían territorios de ambos países. Estas propuestas buscan fomentar el desarrollo económico conjunto y la cooperación, pero han sido recibidas con escepticismo debido a las profundas diferencias económicas y sociales entre las dos naciones.

2. **Iniciativas de Integración Social y Educativa**: Existen programas educativos y sociales que promueven la integración de las comunidades haitianas y dominicanas, especialmente en las áreas fronterizas. Aunque bien intencionadas, estas iniciativas a menudo no consideran las diferencias culturales y pueden generar tensiones en las comunidades locales.

3. **Presión Internacional**: Algunos grupos de derechos humanos y ONGs internacionales presionan para que la República Dominicana adopte políticas más inclusivas hacia los inmigrantes haitianos, argumentando la necesidad de una mayor cooperación y solidaridad regional. Esta presión a veces se percibe como una injerencia en la soberanía nacional dominicana.

Reacciones y Resistencia

1. **Resistencia Política**: Los líderes políticos dominicanos han expresado su oposición a cualquier forma de unificación que no respete la soberanía y la identidad nacional. Argumentan que la República Dominicana y Haití tienen trayectorias históricas y contextos socioeconómicos muy diferentes que deben ser considerados.
2. **Resistencia Social**: La población dominicana en general ha mostrado una fuerte resistencia a las propuestas de unificación. Existe un sentimiento generalizado de que estas propuestas no toman en cuenta las diferencias culturales y los problemas prácticos que surgirían de tal integración.

Diferencias culturales y lingüísticas como obstáculos
Diferencias Culturales

1. **Tradiciones y Costumbres**: La República Dominicana y Haití tienen tradiciones y costumbres muy distintas. La cultura dominicana está fuertemente influenciada por su herencia española y africana, mientras que la cultura haitiana tiene una fuerte influencia francesa y africana. Estas diferencias se reflejan en las celebraciones, la música, la danza y las prácticas religiosas de cada país.
2. **Religión**: La mayoría de los dominicanos son católicos, con una presencia significativa de otras denominaciones cristianas. En contraste, Haití tiene una mezcla de catolicismo y prácticas vudú, que forman una parte integral de su identidad cultural. Estas diferencias religiosas pueden ser una fuente de tensión y malentendidos.

Diferencias Lingüísticas

1. **Idioma**: El idioma oficial de la República Dominicana es el español, mientras que en Haití se hablan el criollo haitiano y

el francés. La barrera lingüística es un obstáculo significativo para cualquier intento de unificación, ya que afecta la comunicación y la integración efectiva de las comunidades.

2. **Educación**: Las diferencias en los sistemas educativos y los idiomas de instrucción complican aún más la posibilidad de una unificación. La educación en español en la República Dominicana y en criollo haitiano o francés en Haití crea una brecha en la formación académica y profesional de las poblaciones de ambos países.

Diferencias Socioeconómicas

1. **Desigualdades Económicas**: La República Dominicana y Haití tienen niveles de desarrollo económico muy diferentes. La economía dominicana, aunque enfrenta desafíos, es significativamente más desarrollada que la de Haití. Esta disparidad económica crea tensiones y desafíos adicionales en cualquier esfuerzo de unificación.

2. **Infraestructura y Servicios Públicos**: Las diferencias en infraestructura y servicios públicos también son un obstáculo. La República Dominicana tiene un sistema más desarrollado de servicios de salud, educación y transporte, mientras que Haití enfrenta desafíos significativos en estas áreas debido a una historia de inestabilidad política y desastres naturales.

La agenda internacional para unificar la isla de La Española presenta desafíos complejos y multifacéticos. Las profundas diferencias culturales, lingüísticas y socioeconómicas entre la República Dominicana y Haití son obstáculos significativos que dificultan cualquier intento de integración. Es esencial que cualquier propuesta de unificación respete la soberanía y la identidad nacional de ambos países y que se enfoque en la cooperación y el respeto mutuo, en lugar de la imposición de una agenda externa. La defensa de la herencia cultural dominicana es crucial para asegurar que las futuras generaciones puedan disfrutar de su rica historia y tradición sin verse forzadas a diluir su identidad en un proceso de unificación que no considera plenamente sus particularidades y necesidades.

Capítulo 10: Ideología de género y sus efectos en la sociedad dominicana

Introducción y promoción de la ideología de género

La ideología de género se refiere a un conjunto de creencias y políticas que buscan desafiar y redefinir las normas tradicionales de género, promoviendo la igualdad y el respeto por todas las identidades y expresiones de género. En la República Dominicana, la introducción y promoción de esta ideología ha sido un tema controvertido y polarizador, generando debates intensos sobre su impacto en la cultura y los valores tradicionales del país.

Promoción de la Ideología de Género

1. **Políticas Educativas**: Una de las principales áreas donde se ha promovido la ideología de género es en el sistema educativo. Programas y currículos que incluyen educación sobre diversidad de género y orientación sexual buscan crear un ambiente más inclusivo y tolerante para todos los estudiantes. Sin embargo, esto ha generado preocupaciones entre padres y comunidades que temen que estas enseñanzas contradigan sus valores y creencias tradicionales.

2. **Campañas de Sensibilización**: Organizaciones no gubernamentales y grupos de derechos humanos han lanzado campañas de sensibilización para promover la aceptación y el respeto por las personas de diversas identidades de género. Estas campañas buscan combatir la discriminación y la violencia basada en género, pero también han sido vistas como una imposición de valores ajenos a la cultura dominicana.

3. **Legislación y Derechos**: Se han propuesto y, en algunos casos, aprobado leyes que buscan proteger los derechos de las personas LGBTQ+. Estas incluyen leyes contra la

discriminación y el reconocimiento de derechos de pareja para personas del mismo sexo. Estas iniciativas legales son vistas por algunos como un avance en derechos humanos, mientras que otros las perciben como una amenaza a la estructura familiar tradicional.

Resistencia y Controversia

1. **Resistencia Cultural**: La ideología de género ha encontrado una fuerte resistencia en sectores conservadores de la sociedad dominicana. Líderes religiosos, comunidades locales y algunos grupos políticos argumentan que estas ideas son incompatibles con los valores y tradiciones dominicanas, y que representan una amenaza a la moral y la cohesión social.

2. **Debate Público**: El debate sobre la ideología de género ha polarizado a la sociedad dominicana. En medios de comunicación, redes sociales y foros públicos, se discuten intensamente los pros y los contras de estas políticas, reflejando una sociedad dividida entre la modernización y la preservación de sus tradiciones.

Impacto en la cultura y valores tradicionales
Cambios en la Percepción de Género

1. **Reevaluación de Roles de Género**: La promoción de la ideología de género ha llevado a una reevaluación de los roles de género tradicionales. Se cuestionan los estereotipos y se busca fomentar una mayor igualdad de oportunidades para todos, independientemente de su género. Esto ha provocado cambios en la dinámica familiar y laboral, afectando la percepción de género en la sociedad.

2. **Aceptación y Visibilidad LGBTQ+**: La mayor visibilidad y aceptación de las personas LGBTQ+ ha sido uno de los

resultados más significativos de la promoción de la ideología de género. Aunque esto representa un avance en términos de derechos humanos, también ha generado tensiones con aquellos que sostienen visiones más conservadoras de la sexualidad y el género.

Impacto en la Familia y la Educación

1. **Estructura Familiar**: La introducción de nuevas políticas de género ha llevado a un debate sobre la estructura tradicional de la familia dominicana. La aceptación de diferentes formas de familia, incluyendo las familias homoparentales, ha sido vista por algunos como una evolución positiva, mientras que otros la consideran una amenaza a los valores familiares tradicionales.

2. **Educación y Valores**: La inclusión de la ideología de género en la educación ha generado una preocupación significativa entre los padres y comunidades sobre los valores que se están enseñando a los niños. Algunos temen que esto pueda socavar los principios tradicionales que desean inculcar en sus hijos, creando una brecha entre las enseñanzas escolares y las creencias familiares.

Tensión y Adaptación Social

1. **Tensiones Sociales**: La promoción de la ideología de género ha exacerbado algunas tensiones sociales, especialmente en comunidades rurales y conservadoras. La resistencia a aceptar estos cambios ha llevado a conflictos y debates intensos, reflejando la lucha entre modernización e identidad cultural.

2. **Adaptación y Progreso**: A pesar de las tensiones, también se observa un proceso gradual de adaptación. Algunas comunidades han comenzado a aceptar y respetar las nuevas

políticas de género, reconociendo la importancia de la inclusión y la igualdad. Este proceso de adaptación es complejo y variado, reflejando las diversas respuestas a los cambios culturales.

La introducción y promoción de la ideología de género en la República Dominicana ha sido un catalizador de cambios significativos en la percepción de género, la estructura familiar y los valores tradicionales. Si bien ha habido avances en términos de derechos e inclusión, también ha generado resistencias y tensiones profundas. La defensa de la herencia cultural dominicana requiere un equilibrio cuidadoso entre la modernización y la preservación de los valores tradicionales, asegurando que el progreso no se logre a expensas de la cohesión social y la identidad cultural. La clave está en promover un diálogo inclusivo y respetuoso que permita a la sociedad dominicana avanzar de manera armoniosa y equitativa.

Capítulo 11: Inversión en salud para ilegales y parturientas haitianas

Análisis del gasto en salud pública

La República Dominicana ha enfrentado una creciente presión sobre su sistema de salud pública debido a la afluencia de inmigrantes ilegales haitianos, muchos de los cuales requieren servicios médicos. Esta situación ha generado debates intensos sobre el impacto financiero y operativo en los recursos de salud disponibles para la población dominicana.

Gasto en Atención a Ilegales y Parturientas Haitianas

1. **Costos Médicos Directos**: Los servicios médicos prestados a inmigrantes ilegales y parturientas haitianas representan una porción significativa del presupuesto de salud pública. Estos

costos incluyen atención prenatal, partos, cuidados postnatales y tratamientos de enfermedades comunes y crónicas.

2. **Desgaste de Recursos**: La afluencia de pacientes inmigrantes ha llevado a un desgaste considerable de los recursos médicos, como medicamentos, equipos y personal de salud. Esto afecta la disponibilidad y calidad de atención para los ciudadanos dominicanos.

3. **Infraestructura Sanitaria**: Las instalaciones médicas en áreas fronterizas y urbanas, donde la concentración de inmigrantes es mayor, están especialmente sobrecargadas. La capacidad limitada de estas instalaciones se ve aún más comprometida, afectando la atención a todos los pacientes.

Análisis Presupuestario

1. **Distribución del Presupuesto**: Una gran parte del presupuesto de salud se destina a atender a inmigrantes ilegales, lo que reduce los fondos disponibles para otros programas de salud esenciales. Esto incluye la prevención y tratamiento de enfermedades, campañas de vacunación y mejora de la infraestructura sanitaria.

2. **Fondos Internacionales y Ayuda**: A pesar de recibir ayuda internacional, los fondos destinados a la atención de inmigrantes haitianos a menudo no son suficientes para cubrir todos los costos, lo que obliga al gobierno dominicano a desviar recursos de otras áreas críticas.

Consecuencias para el sistema de salud dominicano
Impacto en la Calidad de Atención

1. **Reducción de la Calidad del Servicio**: La sobrecarga del sistema de salud lleva a una reducción de la calidad de los

servicios médicos. Los tiempos de espera aumentan, y la atención médica se vuelve menos eficiente, afectando negativamente la experiencia y los resultados para todos los pacientes.

2. **Personal Médico Sobrecargado**: Los médicos, enfermeras y otros profesionales de la salud enfrentan una mayor carga de trabajo, lo que puede llevar al agotamiento y disminuir la calidad de la atención prestada. La falta de personal adecuado también agrava esta situación.

Desigualdad en el Acceso a Servicios de Salud

1. **Exclusión de Ciudadanos Dominicanos**: Los ciudadanos dominicanos, especialmente en comunidades vulnerables, pueden encontrar más difícil acceder a servicios de salud debido a la competencia por los recursos limitados. Esto crea una sensación de injusticia y resentimiento hacia los inmigrantes.

2. **Disparidades Regionales**: Las regiones con altas concentraciones de inmigrantes haitianos pueden experimentar mayores disparidades en la atención de salud en comparación con otras áreas del país. Esto agrava las desigualdades regionales en el acceso a servicios médicos.

Consecuencias Socioeconómicas

1. **Aumento de los Costos de Salud**: La presión sobre el sistema de salud puede llevar a un aumento en los costos generales de atención médica, afectando tanto a los servicios públicos como a los privados. Esto puede resultar en mayores gastos de bolsillo para las familias dominicanas.

2. **Desafíos en la Planificación Sanitaria**: La planificación y gestión del sistema de salud se vuelven más complejas debido

a la necesidad de equilibrar las demandas de una población creciente y diversa. Esto puede dificultar la implementación de políticas de salud efectivas y sostenibles.

Propuestas para Mitigar el Impacto
Mejora en la Gestión y Recursos

1. **Aumento del Presupuesto de Salud**: Incrementar el presupuesto de salud para asegurar que haya suficientes recursos para atender a toda la población, incluyendo a los inmigrantes, sin comprometer la calidad de los servicios para los ciudadanos dominicanos.
2. **Fortalecimiento de la Infraestructura**: Invertir en la mejora y expansión de las instalaciones de salud, especialmente en áreas con alta demanda, para reducir la sobrecarga y mejorar la capacidad de atención.

Políticas de Inmigración y Salud

1. **Registro y Regularización**: Implementar programas de registro y regularización para inmigrantes ilegales, permitiéndoles acceder a servicios de salud de manera más ordenada y controlada. Esto también facilitaría la planificación y asignación de recursos.
2. **Cooperación Internacional**: Trabajar en colaboración con organizaciones internacionales y gobiernos extranjeros para obtener apoyo financiero y técnico. Esto podría incluir acuerdos bilaterales con Haití para compartir la responsabilidad de la atención de salud de sus ciudadanos.

Educación y Sensibilización

1. **Campañas de Educación en Salud**: Implementar campañas

educativas para informar tanto a la población inmigrante como a la dominicana sobre los servicios de salud disponibles y la importancia de utilizar los recursos de manera responsable.

2. **Promoción de la Salud Pública**: Fomentar prácticas de salud pública y prevención de enfermedades en comunidades inmigrantes para reducir la demanda de atención médica de emergencia y crónica.

La inversión en salud para inmigrantes ilegales y parturientas haitianas plantea desafíos significativos para el sistema de salud de la República Dominicana. Es crucial abordar estos desafíos mediante una combinación de aumento de recursos, mejora en la gestión, cooperación internacional y políticas inclusivas que aseguren una atención equitativa y de calidad para todos. La defensa de la herencia cultural dominicana y la cohesión social requiere un enfoque equilibrado y sostenible que respete los derechos humanos y garantice el bienestar de todos los residentes del país.

Capítulo 12: Educación y la presencia de inmigrantes haitianos
Situación de las escuelas y el acceso a la educación

La presencia de un número significativo de inmigrantes haitianos en la República Dominicana ha tenido un impacto considerable en el sistema educativo del país. La integración de estos estudiantes presenta desafíos y oportunidades tanto para los inmigrantes como para los ciudadanos dominicanos.

Acceso a la Educación

1. **Aumento de la Matriculación**: Las escuelas dominicanas, especialmente en áreas fronterizas y urbanas, han visto un incremento en el número de estudiantes debido a la llegada de inmigrantes haitianos. Esto ha llevado a una mayor demanda de plazas escolares, recursos educativos y personal docente.
2. **Infraestructura Escolar**: Muchas escuelas no estaban

preparadas para manejar el aumento de estudiantes. La infraestructura existente, que ya enfrentaba problemas de mantenimiento y capacidad, se ha visto aún más sobrecargada, resultando en aulas abarrotadas y falta de materiales educativos.

3. **Barreras Lingüísticas**: El idioma es una barrera significativa para muchos estudiantes haitianos, ya que la mayoría habla criollo haitiano o francés, mientras que la educación en la República Dominicana se imparte en español. Esto dificulta el aprendizaje y la integración de estos estudiantes en el sistema educativo.

Calidad Educativa

1. **Desafíos para los Docentes**: Los maestros enfrentan desafíos adicionales al intentar enseñar a una población estudiantil diversa. La falta de formación específica en educación intercultural y en la enseñanza de español como segunda lengua complica la tarea de brindar una educación de calidad.

2. **Recursos Limitados**: La presión sobre los recursos educativos, como libros, materiales didácticos y tecnología, se intensifica con el aumento de la matriculación. Esto afecta la capacidad de las escuelas para proporcionar una educación adecuada tanto a los estudiantes dominicanos como a los haitianos.

3. **Diversidad y Adaptación Curricular**: La necesidad de adaptar el currículo para incluir a estudiantes de diferentes orígenes culturales y lingüísticos es un desafío continuo. Las escuelas deben encontrar un equilibrio entre mantener los estándares educativos nacionales y atender las necesidades específicas de los estudiantes inmigrantes.

Impacto en la calidad educativa para los dominicanos

Disminución de la Atención Personalizada

1. **Aulas Sobrecargadas**: El aumento del número de estudiantes por aula reduce la capacidad de los docentes para proporcionar atención personalizada. Esto puede afectar negativamente el rendimiento académico de todos los estudiantes, especialmente aquellos que requieren apoyo adicional.

2. **Recursos Divididos**: Con recursos limitados y una mayor demanda, las escuelas deben dividir su atención y materiales entre más estudiantes. Esto puede resultar en una disminución de la calidad de la educación para los estudiantes dominicanos, quienes compiten por los mismos recursos.

Desigualdad Educativa

1. **Acceso Inequitativo a Recursos**: En algunas escuelas, los recursos pueden ser desviados para atender las necesidades inmediatas de los estudiantes inmigrantes, lo que puede crear percepciones de injusticia y desigualdad entre los estudiantes dominicanos y sus familias.

2. **Impacto Psicológico y Social**: La presencia de una gran cantidad de estudiantes inmigrantes puede generar tensiones sociales y psicológicas dentro de las comunidades escolares. Los estudiantes dominicanos pueden sentir que sus necesidades son ignoradas, lo que puede afectar su motivación y desempeño académico.

Oportunidades de Inclusión y Diversidad

1. **Enriquecimiento Cultural**: A pesar de los desafíos, la diversidad en las aulas puede enriquecer la experiencia educativa de todos los estudiantes. La interacción con

compañeros de diferentes orígenes culturales puede fomentar el respeto, la tolerancia y una mayor comprensión de la diversidad.

2. **Desarrollo de Competencias Globales**: La exposición a diferentes culturas y lenguas puede preparar mejor a los estudiantes para un mundo globalizado. Las competencias interculturales y lingüísticas son habilidades valiosas en el mercado laboral actual y futuro.

Estrategias para Mejorar la Situación Educativa
Fortalecimiento de la Infraestructura Educativa

1. **Inversión en Infraestructura**: Aumentar la inversión en la construcción y mantenimiento de escuelas para asegurar que puedan manejar la creciente matrícula de estudiantes. Esto incluye la creación de más aulas y la mejora de las instalaciones existentes.

2. **Provisión de Recursos Adecuados**: Asegurar que todas las escuelas tengan acceso a suficientes materiales educativos, tecnología y personal docente capacitado para atender las necesidades de una población estudiantil diversa.

Capacitación y Apoyo a Docentes

1. **Formación en Educación Intercultural**: Proporcionar formación específica a los docentes en métodos de educación intercultural y en la enseñanza de español como segunda lengua. Esto mejorará la capacidad de los maestros para atender a estudiantes inmigrantes y dominicanos de manera equitativa.

2. **Apoyo Psicosocial**: Implementar programas de apoyo psicosocial para estudiantes y docentes, ayudando a manejar las tensiones y desafíos derivados de la diversidad en el aula.

Políticas Inclusivas y Participación Comunitaria

1. **Políticas Educativas Inclusivas**: Desarrollar y aplicar políticas educativas que promuevan la inclusión y equidad para todos los estudiantes. Esto incluye la adaptación del currículo y la evaluación de métodos para asegurar que todos los estudiantes tengan igualdad de oportunidades.
2. **Participación de la Comunidad**: Fomentar la participación de las comunidades locales en el desarrollo y implementación de estrategias educativas. La colaboración entre padres, escuelas y organizaciones comunitarias es crucial para crear un entorno educativo inclusivo y de apoyo.

La presencia de inmigrantes haitianos en el sistema educativo de la República Dominicana presenta desafíos significativos, pero también oportunidades para el enriquecimiento cultural y el desarrollo de competencias globales. Es esencial abordar estos desafíos mediante inversiones adecuadas, formación docente, y políticas inclusivas que aseguren una educación de calidad para todos los estudiantes. La defensa de la herencia cultural dominicana requiere un enfoque equilibrado que respete y valore la diversidad, mientras se promueve la cohesión social y el bienestar de toda la comunidad educativa.

Capítulo 13: ONGs y su rol en la agenda 2030

Actividades y objetivos de las ONGs

Las organizaciones no gubernamentales (ONGs) desempeñan un papel significativo en la implementación de la Agenda 2030 para el Desarrollo Sostenible en la República Dominicana. Estas organizaciones, tanto nacionales como internacionales, trabajan en diversas áreas, incluyendo derechos humanos, educación, salud, medio ambiente y desarrollo económico. Sin embargo, sus actividades y objetivos a veces generan controversia y desconfianza entre la población dominicana, especialmente cuando se percibe que sus agendas pueden contradecir o amenazar la identidad cultural y los intereses nacionales.

Principales Actividades de las ONGs

1. **Promoción de Derechos Humanos**: Muchas ONGs se centran en la promoción y defensa de los derechos humanos, incluyendo los derechos de los inmigrantes haitianos. Esto incluye la provisión de asistencia legal, el acceso a servicios básicos y la defensa contra la discriminación y el abuso.

2. **Educación y Sensibilización**: Las ONGs implementan programas educativos que abordan temas como la igualdad de género, la diversidad cultural, y la inclusión social. Estos programas buscan fomentar una sociedad más inclusiva y tolerante, pero a veces son percibidos como una imposición de valores externos.

3. **Desarrollo Comunitario**: Proyectos de desarrollo comunitario incluyen la construcción de infraestructuras, la capacitación laboral, y el apoyo a pequeños negocios. Estas iniciativas pueden mejorar las condiciones de vida, pero también pueden generar tensiones en comunidades que sienten que los recursos están siendo desviados de la población local a los inmigrantes.

4. **Salud y Bienestar**: Las ONGs proporcionan servicios de salud, incluyendo clínicas móviles y programas de vacunación, dirigidos tanto a la población dominicana como a los inmigrantes. Este enfoque puede aliviar la presión sobre el sistema de salud pública, pero también suscita preocupaciones sobre la equidad en la distribución de recursos.

Objetivos de las ONGs

1. **Implementación de la Agenda 2030**: Las ONGs trabajan para alcanzar los Objetivos de Desarrollo Sostenible (ODS) establecidos por la ONU, que incluyen la erradicación de la

pobreza, la reducción de las desigualdades y la promoción de la paz y la justicia. Estos objetivos requieren un enfoque inclusivo que a menudo implica la integración de inmigrantes haitianos.

2. **Fortalecimiento de la Sociedad Civil**: Las ONGs buscan fortalecer la sociedad civil dominicana mediante la capacitación de líderes comunitarios, la promoción de la participación cívica y la creación de redes de apoyo. Este fortalecimiento es vital para la sostenibilidad de sus proyectos a largo plazo.

3. **Mejora de las Condiciones de Vida**: Uno de los principales objetivos es mejorar las condiciones de vida de las comunidades vulnerables, incluyendo la provisión de servicios básicos, la creación de oportunidades económicas y la mejora de la educación y la salud.

Influencia en la política y sociedad dominicana
Impacto en la Política Nacional

1. **Incidencia Política**: Las ONGs a menudo participan en la incidencia política, abogando por cambios legislativos y políticas públicas que favorezcan a los grupos vulnerables, incluidos los inmigrantes haitianos. Esto puede generar tensiones con el gobierno y sectores de la sociedad que ven estas acciones como una interferencia en la soberanía nacional.

2. **Colaboración con el Gobierno**: En algunos casos, las ONGs trabajan en estrecha colaboración con el gobierno dominicano para implementar programas de desarrollo y asistencia. Esta colaboración puede ser beneficiosa, pero también puede ser vista con sospecha por aquellos que temen que las ONGs tengan agendas ocultas.

Influencia en la Sociedad

1. **Cambios en la Percepción Pública**: A través de campañas de sensibilización y educación, las ONGs pueden influir en la percepción pública sobre temas como la inmigración, la igualdad de género y la diversidad cultural. Aunque estos cambios pueden ser positivos, también pueden ser percibidos como una amenaza a los valores tradicionales dominicanos.

2. **Creación de Redes de Apoyo**: Las ONGs a menudo crean redes de apoyo que fortalecen la resiliencia de las comunidades. Estas redes pueden incluir grupos de mujeres, cooperativas agrícolas y asociaciones de derechos humanos, que trabajan juntas para mejorar sus condiciones de vida y abogar por sus derechos.

3. **Tensiones Sociales**: La presencia y actividades de las ONGs pueden generar tensiones sociales, especialmente cuando se percibe que los recursos y la atención se desvían hacia los inmigrantes haitianos a expensas de la población dominicana. Es crucial que las ONGs gestionen estas tensiones de manera efectiva para evitar conflictos y fomentar la cohesión social.

Estrategias para una Colaboración Efectiva
Transparencia y Rendición de Cuentas

1. **Transparencia en la Gestión**: Las ONGs deben ser transparentes en la gestión de sus fondos y actividades. Publicar informes financieros y de actividades puede aumentar la confianza pública y demostrar que sus recursos se utilizan de manera efectiva y equitativa.

2. **Rendición de Cuentas**: Las ONGs deben rendir cuentas no solo a sus donantes y organizaciones internacionales, sino también a las comunidades locales a las que sirven. Esto incluye escuchar y responder a las preocupaciones de la

población dominicana.

Participación Comunitaria

1. **Involucrar a la Comunidad Local**: Involucrar a la comunidad local en el diseño y la implementación de proyectos puede asegurar que las iniciativas de las ONGs respondan a las necesidades reales de la población. Esto también puede ayudar a reducir la resistencia y aumentar la aceptación.
2. **Empoderamiento Local**: Las ONGs deben centrarse en empoderar a las comunidades locales para que puedan continuar con los proyectos de desarrollo de manera sostenible una vez que la ONG se retire.

Comunicación y Educación

1. **Campañas de Información**: Implementar campañas de información para explicar los objetivos y actividades de las ONGs puede ayudar a reducir la desconfianza y los malentendidos. Estas campañas deben destacar cómo los proyectos benefician a toda la comunidad, incluidos los dominicanos.
2. **Educación sobre la Diversidad y la Inclusión**: Promover la educación sobre la importancia de la diversidad y la inclusión puede ayudar a construir una sociedad más tolerante y cohesiva.

Las ONGs desempeñan un papel crucial en la implementación de la Agenda 2030 en la República Dominicana, trabajando en áreas clave como derechos humanos, educación, salud y desarrollo comunitario. Sin embargo, su influencia en la política y sociedad dominicana puede generar tensiones y desconfianza. Es esencial que las ONGs trabajen de manera transparente, involucren a las comunidades locales y promuevan la educación sobre la diversidad para asegurar que sus actividades beneficien a toda la población y respeten la identidad cultural dominicana. La defensa de la herencia cultural y la cohesión social requiere un enfoque equilibrado y colaborativo que promueva el bienestar de todos los residentes del país.

Capítulo 14: Acusaciones de racismo y xenofobia contra dominicanos

Análisis de acusaciones y su veracidad

Las acusaciones de racismo y xenofobia contra los dominicanos han sido una constante en el discurso internacional, especialmente en el contexto de las relaciones con la comunidad haitiana. Estas acusaciones son a menudo utilizadas para desviar la atención de los problemas internos y para influir en la percepción global del país.

Orígenes de las Acusaciones

1. **Historial de Conflictos**: La historia compartida entre la República Dominicana y Haití, que incluye invasiones, conflictos territoriales y diferencias culturales profundas, ha alimentado las tensiones entre ambas naciones. Esta historia compleja es a menudo simplificada en el discurso internacional, generando percepciones distorsionadas.

2. **Casos Específicos de Discriminación**: Existen casos documentados de discriminación y maltrato hacia inmigrantes haitianos, los cuales son utilizados para generalizar y acusar a toda la sociedad dominicana de racista y xenófoba. Es importante reconocer estos incidentes, pero también contextualizarlos adecuadamente.

3. **Narrativas Internacionales**: Organizaciones internacionales y ONGs a menudo destacan estas acusaciones como parte de sus campañas de derechos humanos. Aunque su intención es promover la justicia y la igualdad, a veces sus informes y

declaraciones pueden no reflejar completamente la realidad en el terreno.

Evaluación de la Veracidad

1. **Estudios y Estadísticas**: Un análisis cuidadoso de estudios y estadísticas sobre discriminación y xenofobia en la República Dominicana es esencial para evaluar la veracidad de las acusaciones. Datos objetivos pueden ayudar a discernir entre casos aislados y patrones sistemáticos.
2. **Testimonios y Evidencia**: Recopilar testimonios tanto de víctimas como de defensores de los derechos humanos, así como evidencia documental, es crucial para entender el contexto y la magnitud de estos problemas. Es necesario escuchar múltiples perspectivas para tener una visión equilibrada.
3. **Comparación Regional**: Comparar la situación en la República Dominicana con otros países de la región puede proporcionar una perspectiva útil. Todos los países enfrentan desafíos en términos de integración y convivencia multicultural, y esta comparación puede arrojar luz sobre las particularidades del caso dominicano.

Consecuencias para la imagen internacional de la República Dominicana
Impacto Negativo

1. **Percepción Global**: Las acusaciones de racismo y xenofobia pueden dañar gravemente la percepción global de la República Dominicana. Esto afecta la imagen del país como un destino turístico y como un lugar para invertir y hacer negocios.
2. **Relaciones Diplomáticas**: Estas acusaciones pueden

complicar las relaciones diplomáticas con otros países y organismos internacionales. Pueden surgir tensiones y conflictos diplomáticos, especialmente si otros gobiernos perciben que la República Dominicana no está abordando adecuadamente estos problemas.

3. **Inversiones y Ayuda Internacional**: La percepción negativa puede afectar la atracción de inversiones extranjeras y la recepción de ayuda internacional. Los inversores y donantes pueden ser reacios a asociarse con un país percibido como intolerante o injusto.

Estrategias para Mitigar el Impacto

1. **Comunicación Transparente**: Es esencial que el gobierno dominicano comunique de manera transparente y proactiva sobre las medidas que está tomando para abordar la discriminación y promover la inclusión. Esto incluye publicar informes detallados, participar en diálogos internacionales y mostrar resultados concretos.

2. **Fortalecimiento de las Políticas de Inclusión**: Implementar y fortalecer políticas que promuevan la igualdad y la inclusión es fundamental. Esto incluye leyes contra la discriminación, programas de sensibilización y educación intercultural, y la promoción de oportunidades económicas para todos los residentes.

3. **Colaboración con ONGs y Organismos Internacionales**: Trabajar en colaboración con ONGs y organismos internacionales puede ayudar a demostrar el compromiso del país con los derechos humanos. La cooperación en proyectos y programas conjuntos puede mejorar la percepción internacional y generar resultados positivos en el terreno.

Promoción de la Cultura y la Identidad Nacional

1. **Celebración de la Diversidad**: Promover y celebrar la diversidad cultural dentro de la República Dominicana puede contrarrestar las percepciones negativas. Esto incluye destacar las contribuciones de diferentes grupos étnicos y culturales a la identidad nacional.

2. **Educación y Sensibilización**: Implementar programas educativos que promuevan la tolerancia, el respeto y la comprensión mutua es clave para cambiar percepciones y actitudes a largo plazo. La educación debe enfocarse en la historia compartida y las contribuciones de todos los grupos que conforman la nación.

3. **Proyectos de Integración Comunitaria**: Fomentar proyectos que integren a las comunidades haitianas y dominicanas en actividades conjuntas puede ayudar a construir puentes y reducir tensiones. Estos proyectos pueden incluir eventos culturales, deportivos y educativos que promuevan la convivencia pacífica y el entendimiento mutuo.

Las acusaciones de racismo y xenofobia contra los dominicanos son un tema complejo que requiere un enfoque equilibrado y bien informado. Si bien es crucial reconocer y abordar cualquier forma de discriminación, también es necesario defender la herencia cultural y la identidad nacional dominicana de manera justa y respetuosa. La transparencia, la cooperación internacional y la promoción de políticas inclusivas son estrategias esenciales para mejorar la percepción global de la República Dominicana y asegurar un futuro más cohesionado y armonioso para todos sus habitantes.

Capítulo 15: La diáspora dominicana y su defensa del país Papel de los dominicanos en el extranjero

La diáspora dominicana, formada por los dominicanos que residen fuera del país, juega un papel crucial en la defensa y promoción de la identidad nacional. Esta comunidad, que se extiende por varios países, especialmente en Estados Unidos, España y Puerto Rico, se ha convertido en un fuerte aliado en la protección y promoción de los intereses de la República Dominicana a nivel global.

Contribuciones de la Diáspora

1. **Remesas**: Las remesas enviadas por la diáspora dominicana representan una fuente vital de ingresos para muchas familias en la República Dominicana y contribuyen significativamente a la economía nacional. Estas transferencias financieras ayudan a mejorar la calidad de vida de los familiares en el país, apoyando la educación, la salud y el emprendimiento.

2. **Promoción Cultural**: Los dominicanos en el extranjero actúan como embajadores de su cultura, promoviendo la música, la danza, la gastronomía y las tradiciones dominicanas en sus países de residencia. Esta promoción cultural ayuda a mantener viva la identidad dominicana y a generar un mayor entendimiento y aprecio por la diversidad cultural en los países anfitriones.

3. **Defensa de los Derechos Humanos**: La diáspora dominicana ha sido activa en la defensa de los derechos humanos y en la lucha contra la discriminación y la xenofobia. A través de organizaciones comunitarias, protestas y actividades de sensibilización, han abogado por el respeto y la igualdad para todos los dominicanos, tanto en el extranjero como en su país de origen.

Desafíos y Resiliencia

1. **Desafíos de Integración**: A pesar de su contribución significativa, los dominicanos en el extranjero enfrentan

desafíos de integración, incluyendo barreras lingüísticas, discriminación y dificultades para acceder a servicios básicos. Sin embargo, la comunidad ha demostrado una gran resiliencia, estableciendo redes de apoyo y recursos para ayudar a sus miembros a superar estos obstáculos.

2. **Mantenimiento de la Identidad Cultural**: Uno de los mayores desafíos para la diáspora dominicana es mantener su identidad cultural mientras se integran en sus nuevos hogares. Las generaciones más jóvenes, en particular, pueden enfrentar dificultades para equilibrar las influencias culturales de su país de origen con las del país de residencia.

Acciones y logros en defensa de la identidad nacional Iniciativas Culturales y Comunitarias

1. **Festivales y Celebraciones**: La diáspora dominicana organiza festivales, desfiles y celebraciones que destacan la cultura y las tradiciones dominicanas. Eventos como el Desfile Dominicano en Nueva York y el Festival Dominicano en Madrid son ejemplos de cómo la comunidad se reúne para celebrar y promover su herencia cultural.

2. **Centros Culturales y Educativos**: La creación de centros culturales y educativos ha sido fundamental para la preservación de la identidad dominicana en el extranjero. Estos centros ofrecen clases de español, talleres de danza y música, y programas educativos sobre la historia y cultura dominicana.

3. **Medios de Comunicación**: La diáspora ha establecido medios de comunicación, como estaciones de radio, periódicos y canales de televisión, que se centran en temas relevantes para los dominicanos en el extranjero. Estos medios sirven como plataformas para la difusión de la cultura y las noticias dominicanas.

Defensa de los Derechos y Políticas

1. **Lobby Político**: La diáspora dominicana ha desarrollado un lobby político efectivo, influenciando políticas en sus países de residencia que afectan a la comunidad dominicana. Han abogado por mejores condiciones laborales, acceso a la educación y la salud, y políticas de inmigración justas.
2. **Campañas de Sensibilización**: A través de campañas de sensibilización y educación, la diáspora trabaja para combatir los estereotipos y la discriminación contra los dominicanos. Estas campañas buscan promover una imagen positiva de la República Dominicana y destacar las contribuciones de los dominicanos en el extranjero.

Ejemplos de Logros

1. **Reconocimientos y Premios**: Muchos dominicanos en el extranjero han sido reconocidos por sus logros en diversas áreas, incluyendo la política, las artes, los negocios y el deporte. Estos reconocimientos no solo celebran el éxito individual, sino que también elevan el perfil de la comunidad dominicana a nivel internacional.
2. **Colaboraciones Internacionales**: La diáspora ha facilitado colaboraciones internacionales en áreas como la educación, la salud y el desarrollo económico. A través de asociaciones con universidades, organizaciones no gubernamentales y empresas, han traído recursos y conocimientos valiosos a la República Dominicana.

La diáspora dominicana desempeña un papel crucial en la defensa y promoción de la identidad nacional, actuando como un puente entre la República Dominicana y el resto del mundo. A través de su trabajo cultural, comunitario y político, la diáspora no solo mejora las condiciones de vida de los dominicanos en el extranjero, sino que también fortalece la imagen y la influencia de la República Dominicana a nivel global. La defensa de la herencia cultural dominicana por parte de la diáspora es un testimonio del orgullo y la resiliencia de esta comunidad, y sus acciones y logros son esenciales para asegurar un futuro próspero y cohesionado para todos los dominicanos, sin importar dónde se encuentren.

Capítulo 16: Medios de comunicación y su influencia en la percepción pública

Análisis de la cobertura mediática internacional

Los medios de comunicación desempeñan un papel crucial en la formación de la opinión pública tanto a nivel local como internacional. La manera en que se cubren las noticias y se presentan las narrativas sobre la República Dominicana y su relación con Haití puede tener un impacto significativo en la percepción pública y en las políticas gubernamentales.

Cobertura Mediática Internacional

1. **Enfoque Sensacionalista**: A menudo, los medios internacionales tienden a centrarse en los aspectos más sensacionalistas de las relaciones entre la República Dominicana y Haití. Incidentes de conflicto, discriminación y tensiones fronterizas suelen recibir una cobertura desproporcionada en comparación con las historias de cooperación y convivencia pacífica.

2. **Falta de Contexto**: Muchas veces, la cobertura mediática internacional carece de un contexto histórico y cultural adecuado. Sin un entendimiento profundo de la historia compartida y las diferencias culturales entre los dos países, las noticias pueden dar una imagen distorsionada y simplificada de la realidad.

3. **Narrativas de Victimización**: Los medios internacionales a menudo presentan a los haitianos como víctimas y a los dominicanos como opresores. Si bien es cierto que hay casos de discriminación y conflicto, esta narrativa puede ser reduccionista y no reflejar la complejidad de las relaciones bilaterales.

4. **Influencia de ONGs y Organismos Internacionales**: Las declaraciones y reportes de ONGs y organismos

internacionales pueden tener una gran influencia en la cobertura mediática. Aunque estas organizaciones trabajan para promover los derechos humanos, sus informes pueden a veces exagerar o simplificar las realidades sobre el terreno, influyendo en la percepción pública.

Análisis de la Cobertura Local

1. **Medios Nacionales:** Los medios de comunicación en la República Dominicana también tienen un papel importante en la formación de la opinión pública local. La manera en que se presenta la relación con Haití en los medios nacionales puede influir en las actitudes y opiniones de la población dominicana.
2. **Narrativas Nacionalistas:** En algunos casos, los medios dominicanos pueden adoptar narrativas nacionalistas que refuercen la identidad cultural y la soberanía del país. Esto puede incluir la denuncia de la "invasión silenciosa" de haitianos y la crítica a las políticas internacionales percibidas como intervencionistas.
3. **Fomento de la Cohesión Social:** Por otro lado, también hay esfuerzos mediáticos para fomentar la cohesión social y la integración. Programas y reportajes que destacan las historias de éxito de la cooperación entre dominicanos y haitianos pueden ayudar a contrarrestar las narrativas de división.

Efectos en la opinión pública local e internacional
Opinión Pública Internacional

1. **Percepción Negativa:** La cobertura mediática internacional que se centra en conflictos y discriminación puede llevar a una percepción negativa de la República Dominicana en el escenario global. Esto puede afectar las relaciones

diplomáticas, las inversiones extranjeras y el turismo.

2. **Presión Internacional**: Una percepción negativa puede traducirse en presión internacional sobre el gobierno dominicano para que adopte políticas más inclusivas y respetuosas de los derechos humanos. Esta presión puede venir en forma de sanciones, reducción de la ayuda internacional o críticas públicas en foros internacionales.

Opinión Pública Local

1. **Aumento de las Tensiones Sociales**: La manera en que los medios locales cubren la inmigración haitiana puede influir en las tensiones sociales dentro del país. Narrativas negativas y sensacionalistas pueden exacerbar los sentimientos de xenofobia y discriminación entre la población dominicana.

2. **Defensa de la Identidad Nacional**: Al mismo tiempo, la cobertura mediática que destaca la importancia de la defensa de la identidad cultural y la soberanía puede fortalecer el sentido de orgullo y pertenencia nacional. Sin embargo, es crucial que esta defensa se haga de manera inclusiva y respetuosa.

3. **Impacto en las Políticas Públicas**: La opinión pública influenciada por los medios de comunicación puede tener un impacto directo en las políticas públicas. Un electorado preocupado por la inmigración y la identidad nacional puede presionar al gobierno para adoptar medidas más estrictas de control fronterizo y políticas de integración más equilibradas.

Estrategias para una Cobertura Más Equilibrada

1. **Mayor Contexto y Profundidad**: Los medios de comunicación, tanto internacionales como locales, deben esforzarse por proporcionar un contexto histórico y cultural

más profundo en sus reportajes sobre la relación entre la República Dominicana y Haití. Esto incluye la presentación de una gama más amplia de perspectivas y la inclusión de voces tanto dominicanas como haitianas.

2. **Énfasis en la Cooperación y el Entendimiento**: Promover historias de cooperación y entendimiento mutuo puede ayudar a contrarrestar las narrativas de división. Reportajes sobre proyectos comunitarios conjuntos, intercambios culturales y colaboraciones económicas pueden destacar los aspectos positivos de la relación bilateral.

3. **Capacitación en Periodismo Intercultural**: Capacitar a los periodistas en periodismo intercultural puede mejorar la calidad de la cobertura mediática. Los periodistas deben ser conscientes de los sesgos culturales y trabajar para presentar una imagen equilibrada y justa de ambos países.

4. **Fomento de la Responsabilidad Mediática**: Los medios de comunicación deben ser responsables de la influencia que tienen en la opinión pública. Esto incluye una autorregulación ética y la implementación de códigos de conducta que promuevan la veracidad, la imparcialidad y el respeto.

Los medios de comunicación tienen una influencia significativa en la percepción pública tanto a nivel local como internacional. La cobertura de la relación entre la República Dominicana y Haití debe ser equilibrada, contextualizada y responsable, para evitar la exacerbación de tensiones y la propagación de percepciones erróneas. Al defender la herencia cultural dominicana y promover una comprensión justa y equilibrada de la realidad, los medios pueden contribuir a una sociedad más cohesionada y a una mejor imagen internacional del país.

Capítulo 17: Políticas migratorias y su implementación
Descripción de las políticas migratorias actuales

Las políticas migratorias de la República Dominicana están diseñadas para regular la entrada, estancia y salida de extranjeros, con especial atención a la inmigración haitiana debido a la proximidad geográfica y las diferencias económicas y sociales entre los dos países. Estas políticas buscan equilibrar la necesidad de seguridad y soberanía con el respeto a los derechos humanos y la dignidad de los migrantes.

Marco Legal

1. **Ley General de Migración (Ley 285-04):** Esta ley regula la entrada, permanencia y salida de personas en la República Dominicana. Establece los requisitos para obtener visas, permisos de residencia y naturalización, y define las categorías de inmigrantes, incluyendo trabajadores temporales y refugiados.
2. **Plan Nacional de Regularización de Extranjeros (PNRE):** Implementado en 2014, este plan tiene como objetivo regularizar la situación de los inmigrantes en situación irregular, principalmente haitianos, proporcionando una vía para obtener residencia legal y acceso a servicios básicos.
3. **Decreto 327-13:** Este decreto complementa la Ley 285-04 y establece procedimientos específicos para la implementación del PNRE, incluyendo la documentación requerida y los criterios de elegibilidad.

Implementación de las Políticas Migratorias

1. **Regularización y Documentación:** A través del PNRE, el gobierno dominicano ha intentado proporcionar documentos de identidad a inmigrantes ilegales para permitirles trabajar, acceder a servicios de salud y educación, y vivir legalmente en el país. Sin embargo, la implementación

ha enfrentado desafíos logísticos y administrativos, y no todos los inmigrantes elegibles han podido regularizar su estatus.

2. **Control Fronterizo**: La República Dominicana ha reforzado el control fronterizo para prevenir la inmigración ilegal. Esto incluye la vigilancia de puntos de entrada oficiales y no oficiales, así como la cooperación con Haití para gestionar los flujos migratorios.

3. **Deportaciones**: El gobierno ha llevado a cabo deportaciones de inmigrantes ilegales, particularmente aquellos que no cumplen con los requisitos de regularización. Estas acciones han sido controvertidas y han generado críticas de organizaciones de derechos humanos.

4. **Integración y Servicios Sociales**: Se han implementado programas para facilitar la integración de inmigrantes regularizados en la sociedad dominicana, incluyendo acceso a servicios de salud, educación y empleo. No obstante, la disponibilidad y calidad de estos servicios varían y a menudo son insuficientes para satisfacer la demanda.

Propuestas para una mejor gestión migratoria
Fortalecimiento del Marco Legal y Administrativo

1. **Revisión y Actualización de la Ley de Migración**: Es necesario revisar y actualizar la Ley 285-04 para abordar los desafíos actuales de la migración y asegurar que las políticas sean justas, eficaces y respetuosas de los derechos humanos.

2. **Mejora del Proceso de Regularización**: Simplificar y agilizar el proceso de regularización para hacerlo más accesible y eficiente. Esto incluye reducir la burocracia, aumentar la transparencia y proporcionar asistencia a los solicitantes.

3. **Capacitación de Funcionarios**: Capacitar a los funcionarios de inmigración y otros empleados públicos en derechos

humanos, procedimientos de migración y gestión intercultural para asegurar un trato justo y respetuoso a todos los inmigrantes.

Fortalecimiento del Control Fronterizo

1. **Tecnología y Vigilancia**: Implementar tecnología avanzada para la vigilancia fronteriza, incluyendo cámaras de seguridad, drones y sistemas de identificación biométrica, para mejorar la capacidad de controlar y gestionar los flujos migratorios.

2. **Cooperación Bilateral**: Fortalecer la cooperación con Haití y otros países vecinos para gestionar la migración de manera conjunta y efectiva, incluyendo acuerdos de repatriación y programas de desarrollo comunitario para reducir las causas de la migración.

Integración y Cohesión Social

1. **Programas de Integración**: Desarrollar programas de integración que incluyan clases de español, orientación cultural y capacitación laboral para ayudar a los inmigrantes a adaptarse y contribuir a la sociedad dominicana.

2. **Acceso a Servicios Básicos**: Garantizar el acceso a servicios de salud, educación y vivienda para todos los inmigrantes regularizados, con un enfoque en mejorar la calidad y disponibilidad de estos servicios en áreas con alta concentración de inmigrantes.

3. **Promoción de la Tolerancia y el Respeto**: Implementar campañas de sensibilización y educación para promover la tolerancia, el respeto y la comprensión mutua entre dominicanos e inmigrantes. Estas campañas pueden incluir medios de comunicación, escuelas y comunidades.

Gestión de la Opinión Pública y Comunicación

1. **Transparencia y Comunicación**: Mantener una comunicación transparente y regular con la población sobre las políticas migratorias y sus beneficios para el país. Esto puede ayudar a reducir la desinformación y las percepciones negativas sobre los inmigrantes.

2. **Participación Comunitaria**: Involucrar a las comunidades locales en el desarrollo e implementación de políticas migratorias para asegurar que se tengan en cuenta sus preocupaciones y se fomente un enfoque inclusivo.

La gestión de la migración es un desafío complejo que requiere un equilibrio entre la seguridad nacional, los derechos humanos y la cohesión social. Las políticas migratorias de la República Dominicana deben ser revisadas y fortalecidas para abordar de manera efectiva estos desafíos y promover una convivencia armoniosa entre dominicanos e inmigrantes. Al defender la herencia cultural y la soberanía del país, es esencial adoptar un enfoque inclusivo y respetuoso que valore la diversidad y contribuya al bienestar de todos los residentes.

Capítulo 18: Relaciones diplomáticas y su impacto en la soberanía

Análisis de las relaciones con otros países y organismos internacionales

Las relaciones diplomáticas de la República Dominicana con otros países y organismos internacionales tienen un impacto significativo en la soberanía y en las decisiones nacionales. Estas relaciones influyen en diversos aspectos, desde la economía y la seguridad hasta la política migratoria y los derechos humanos.

Relaciones con Otros Países

1. **Estados Unidos**: Como uno de los principales socios comerciales y aliados estratégicos de la República

Dominicana, las relaciones con Estados Unidos son cruciales. La influencia estadounidense se extiende a través de la asistencia económica, la cooperación en seguridad y las inversiones. Sin embargo, esta relación también puede implicar presiones para adoptar políticas que favorezcan los intereses de Estados Unidos, lo que a veces puede desafiar la soberanía nacional.

2. **Haití**: La relación con Haití es compleja y multifacética. Compartir una frontera y tener una historia entrelazada significa que los asuntos bilaterales, como la migración, el comercio y la seguridad fronteriza, son de alta prioridad. Las tensiones diplomáticas surgen a menudo debido a problemas de inmigración y derechos humanos, afectando la estabilidad regional y la percepción internacional de la República Dominicana.

3. **Unión Europea**: La República Dominicana mantiene relaciones importantes con la Unión Europea, que es un socio clave en comercio y cooperación para el desarrollo. La UE también influye en temas de derechos humanos y gobernanza, y sus políticas pueden impactar las decisiones nacionales en áreas como la migración y el desarrollo sostenible.

4. **China**: Las relaciones con China han crecido en los últimos años, especialmente después del establecimiento de relaciones diplomáticas formales en 2018. Las inversiones chinas en infraestructura y comercio han aumentado, pero también han suscitado preocupaciones sobre la dependencia económica y la influencia política china.

Organismos Internacionales

1. **Naciones Unidas**: La ONU y sus agencias juegan un papel significativo en la implementación de políticas de desarrollo y derechos humanos en la República Dominicana. Las

recomendaciones y presiones de la ONU pueden afectar las decisiones nacionales en áreas como la migración, la salud pública y la educación.

2. **Organización de los Estados Americanos (OEA)**: La OEA influye en la política regional y es un foro importante para discutir y resolver conflictos hemisféricos. La República Dominicana participa activamente en la OEA, pero también enfrenta presiones para alinearse con las políticas y recomendaciones de la organización, especialmente en derechos humanos y democracia.

3. **Banco Mundial y Fondo Monetario Internacional (FMI)**: Estos organismos financieros internacionales proporcionan asistencia económica y asesoramiento en políticas, pero sus condiciones y recomendaciones pueden influir significativamente en la política económica y la soberanía fiscal del país.

Efectos en la autonomía y decisiones nacionales
Influencia en la Política Migratoria

1. **Presión Internacional**: Las relaciones diplomáticas y la pertenencia a organismos internacionales pueden llevar a presiones para que la República Dominicana adopte políticas migratorias más inclusivas y respetuosas de los derechos humanos. Esto puede incluir la regularización de inmigrantes ilegales y la mejora de las condiciones de vida de los migrantes, especialmente los haitianos.

2. **Soberanía en la Gestión Fronteriza**: Aunque el control fronterizo es un asunto de soberanía nacional, la cooperación con Haití y la implementación de acuerdos bilaterales son esenciales para gestionar eficazmente la migración y el comercio. Las presiones externas pueden influir en cómo se implementan estas políticas.

Impacto Económico

1. **Dependencia de la Asistencia Internacional**: La ayuda económica de países y organismos internacionales puede ser una fuente vital de ingresos, pero también puede crear dependencia y limitar la capacidad del país para tomar decisiones autónomas. Las condiciones impuestas por donantes y prestamistas pueden afectar la política fiscal y económica.

2. **Inversiones Extranjeras**: Las relaciones diplomáticas positivas fomentan las inversiones extranjeras, que son cruciales para el desarrollo económico. Sin embargo, la influencia de inversionistas extranjeros puede llevar a decisiones que prioricen los intereses económicos externos sobre los nacionales.

Autonomía en la Política Exterior

1. **Alineación con Políticas Internacionales**: Para mantener relaciones diplomáticas favorables, la República Dominicana a menudo debe alinear sus políticas con las expectativas y demandas de sus socios internacionales. Esto puede incluir la adopción de normas internacionales en áreas como derechos humanos, medio ambiente y comercio.

2. **Capacidad de Respuesta a Crisis**: La colaboración con organismos internacionales mejora la capacidad del país para responder a crisis, como desastres naturales y emergencias de salud pública. Sin embargo, esta colaboración también puede implicar la adopción de políticas y medidas que no siempre se ajustan a las prioridades nacionales.

Defensa de la Soberanía y la Identidad Cultural

1. **Protección de la Identidad Nacional**: Las relaciones internacionales deben equilibrarse con la necesidad de proteger la identidad cultural y la soberanía nacional. Es crucial que la República Dominicana mantenga su capacidad para tomar decisiones que reflejen los intereses y valores de su población.

2. **Diplomacia Proactiva**: La República Dominicana puede adoptar una diplomacia proactiva que promueva sus intereses en el escenario internacional. Esto incluye defender su posición en temas sensibles como la migración y la integración regional, asegurando que las decisiones internacionales no comprometan su soberanía.

Las relaciones diplomáticas de la República Dominicana con otros países y organismos internacionales son fundamentales para su desarrollo y estabilidad, pero también presentan desafíos para su soberanía y autonomía en la toma de decisiones. Es crucial que el país maneje estas relaciones de manera estratégica, defendiendo sus intereses nacionales y protegiendo su herencia cultural. La diplomacia proactiva y la participación en organismos internacionales deben alinearse con un compromiso firme hacia la soberanía nacional y el bienestar de todos los dominicanos.

Capítulo 19: Economía y comercio exterior

Análisis de las relaciones comerciales y sus beneficios/perjuicios

La economía de la República Dominicana se ha beneficiado de su participación en el comercio exterior, pero también enfrenta desafíos que deben ser abordados para asegurar un crecimiento equitativo y sostenible. Las relaciones comerciales internacionales, mientras proporcionan oportunidades, también traen consigo ciertos riesgos y desventajas.

Beneficios de las Relaciones Comerciales

1. **Crecimiento Económico**: La apertura al comercio internacional ha sido un motor clave para el crecimiento económico de la República Dominicana. Las exportaciones de productos como textiles, minerales, y productos agrícolas han impulsado la economía y creado empleo.

2. **Diversificación de la Economía**: Las relaciones comerciales permiten la diversificación económica, reduciendo la dependencia de un solo sector. La inversión extranjera directa (IED) ha ayudado a desarrollar sectores como el turismo, la manufactura y la tecnología.

3. **Acceso a Mercados Globales**: A través de acuerdos comerciales, como el Tratado de Libre Comercio entre Estados Unidos, Centroamérica y República Dominicana (CAFTA-DR), el país ha obtenido acceso preferencial a mercados importantes, lo que ha aumentado las exportaciones y fomentado el desarrollo empresarial.

4. **Transferencia de Tecnología y Conocimiento**: La IED y las asociaciones con empresas extranjeras han facilitado la transferencia de tecnología y conocimientos, mejorando la competitividad de la economía dominicana.

Perjuicios y Desafíos

1. **Dependencia Económica**: Una alta dependencia del comercio exterior puede hacer que la economía dominicana sea vulnerable a las fluctuaciones del mercado global. Los cambios en la demanda externa, las guerras comerciales y las crisis económicas internacionales pueden afectar negativamente el crecimiento económico del país.

2. **Desigualdad Económica**: Aunque el comercio exterior ha impulsado el crecimiento, los beneficios no siempre se distribuyen equitativamente. Las ganancias suelen concentrarse en sectores específicos y en las grandes empresas, mientras que las pequeñas y medianas empresas (PYMES) y las comunidades rurales pueden no experimentar los mismos beneficios.

3. **Impacto Ambiental**: La expansión de sectores como la minería y la agricultura para la exportación puede tener un impacto negativo en el medio ambiente. La deforestación, la contaminación y la explotación de recursos naturales son preocupaciones significativas.

4. **Presión sobre la Industria Local**: La competencia de productos extranjeros puede poner presión sobre las industrias locales, que pueden no ser tan competitivas en precio o calidad. Esto puede llevar a la pérdida de empleos y al cierre de empresas locales.

Estrategias para un comercio más equitativo y favorable Diversificación de Mercados y Productos

1. **Exploración de Nuevos Mercados**: Diversificar los socios comerciales más allá de los tradicionales, como Estados Unidos y la Unión Europea, explorando oportunidades en Asia, África y América Latina. Esto puede reducir la dependencia y abrir nuevas oportunidades de negocio.

2. **Desarrollo de Nuevos Sectores**: Fomentar el desarrollo de

sectores emergentes, como la tecnología de la información, la biotecnología y las energías renovables, para diversificar la base económica y reducir la dependencia de sectores tradicionales.

Apoyo a las PYMES y a la Producción Local

1. **Acceso al Financiamiento**: Mejorar el acceso al financiamiento para las PYMES, facilitando su capacidad para innovar, expandirse y competir en el mercado global. Programas de crédito y garantías pueden ser esenciales para apoyar a estas empresas.
2. **Capacitación y Asesoría**: Proporcionar capacitación y asesoría a las PYMES en áreas como gestión empresarial, marketing internacional y cumplimiento de normas de exportación. Esto puede mejorar su capacidad para aprovechar las oportunidades del comercio exterior.
3. **Promoción de Productos Locales**: Implementar campañas para promover los productos locales en mercados internacionales, destacando la calidad y la autenticidad. Las certificaciones de origen y las marcas país pueden ayudar a diferenciar los productos dominicanos.

Sostenibilidad y Protección Ambiental

1. **Regulaciones Ambientales**: Fortalecer las regulaciones ambientales para asegurar que la expansión del comercio no se realice a expensas del medio ambiente. Esto incluye políticas para la gestión sostenible de recursos naturales y la reducción de emisiones contaminantes.
2. **Incentivos para la Sostenibilidad**: Ofrecer incentivos a las empresas que adopten prácticas sostenibles, como la producción orgánica, el uso de energías renovables y la

gestión eficiente de recursos. Esto puede mejorar la competitividad y la reputación internacional de los productos dominicanos.

Mejora de Infraestructura y Logística

1. **Inversión en Infraestructura**: Invertir en infraestructura de transporte, energía y telecomunicaciones para mejorar la eficiencia logística y reducir los costos de exportación. Puertos modernos, carreteras bien mantenidas y sistemas de comunicación avanzados son esenciales para un comercio exterior eficiente.
2. **Facilitación del Comercio**: Simplificar y agilizar los procedimientos aduaneros para facilitar el comercio. Esto incluye la digitalización de trámites, la reducción de la burocracia y la implementación de estándares internacionales.

Diplomacia Comercial y Negociaciones

1. **Fortalecimiento de la Diplomacia Comercial**: Desarrollar una diplomacia comercial proactiva que promueva los intereses de la República Dominicana en foros internacionales. Esto incluye la participación activa en negociaciones comerciales y la defensa de las industrias nacionales.
2. **Negociación de Acuerdos Beneficiosos**: Priorizar la negociación de acuerdos comerciales que sean beneficiosos para el país, asegurando que los términos protejan los intereses nacionales y fomenten un comercio justo y equilibrado.

Las relaciones comerciales internacionales son una fuente crucial de crecimiento económico para la República Dominicana, pero deben ser gestionadas de manera estratégica para maximizar los beneficios y minimizar los perjuicios. La diversificación de mercados, el apoyo a las PYMES, la sostenibilidad ambiental y la mejora de la infraestructura son esenciales para un comercio exterior equitativo y favorable. La defensa de la herencia cultural y la soberanía económica requiere un enfoque equilibrado que promueva el bienestar de todos los dominicanos y asegure un desarrollo inclusivo y sostenible.

**Capítulo 20: Turismo y su papel en la economía dominicana
Importancia del turismo para la economía**

El turismo es uno de los pilares fundamentales de la economía dominicana, contribuyendo significativamente al Producto Interno Bruto (PIB), generando empleo y atrayendo inversiones extranjeras. La República Dominicana es conocida por sus playas paradisíacas, resorts de clase mundial, y una rica cultura histórica y musical, lo que la convierte en un destino atractivo para millones de turistas cada año.

Contribución Económica

1. **Aporte al PIB**: El turismo representa aproximadamente el 17% del PIB de la República Dominicana, destacándose como uno de los sectores económicos más importantes del país. Los ingresos generados por el turismo son esenciales para el desarrollo económico y la estabilidad financiera.

2. **Generación de Empleo**: El sector turístico crea numerosos empleos directos e indirectos, desde trabajos en hoteles y restaurantes hasta guías turísticos y operadores de transporte. Se estima que alrededor del 15% de la fuerza laboral dominicana está empleada en actividades relacionadas con el turismo.

3. **Inversión Extranjera**: El atractivo turístico de la República Dominicana ha atraído importantes inversiones extranjeras en infraestructura, como la construcción de hoteles, aeropuertos, carreteras y servicios. Estas inversiones no solo mejoran las instalaciones turísticas sino que también impulsan el desarrollo regional.

4. **Impacto en Otros Sectores**: El turismo tiene un efecto multiplicador en otros sectores económicos, como la agricultura, la pesca, la artesanía y el comercio. La demanda de productos y servicios locales por parte de los turistas estimula la economía y beneficia a las comunidades locales.

Desafíos en el sector turístico
Competencia Regional

1. **Competencia con Otros Destinos del Caribe**: La República Dominicana enfrenta una fuerte competencia de otros destinos caribeños como Cuba, Jamaica, y Puerto Rico. Para mantenerse competitiva, es esencial mejorar continuamente la calidad de los servicios y diversificar las ofertas turísticas.

Sostenibilidad y Medio Ambiente

1. **Impacto Ambiental**: El desarrollo turístico puede tener impactos negativos en el medio ambiente, como la degradación de ecosistemas costeros, la contaminación y la presión sobre los recursos naturales. Es crucial implementar prácticas de turismo sostenible para mitigar estos efectos.
2. **Turismo de Masas**: La afluencia masiva de turistas puede llevar a la sobrecarga de infraestructuras y recursos locales, afectando la calidad de vida de los residentes y la experiencia de los visitantes. La gestión adecuada del turismo de masas es un desafío constante.

Seguridad y Percepción

1. **Percepción de Seguridad**: La percepción de seguridad es un factor crítico para los turistas. Incidentes de delincuencia, inestabilidad política o desastres naturales pueden afectar negativamente la imagen del país como destino seguro.
2. **Salud Pública**: La pandemia de COVID-19 ha resaltado la importancia de la salud pública en el sector turístico. Garantizar la seguridad sanitaria y la preparación para futuras pandemias es vital para la recuperación y sostenibilidad del turismo.

Oportunidades en el sector turístico
Diversificación de la Oferta Turística

1. **Turismo Cultural y Histórico**: Aprovechar la rica herencia cultural e histórica del país para desarrollar productos turísticos que vayan más allá del sol y la playa. Promover rutas culturales, festivales, y sitios históricos puede atraer a turistas interesados en experiencias más diversas.

2. **Turismo de Naturaleza y Aventura**: La República Dominicana tiene un potencial significativo para el ecoturismo y el turismo de aventura. Desarrollar actividades como senderismo, observación de aves, y deportes acuáticos en áreas naturales protegidas puede diversificar la oferta turística.

Innovación y Tecnología

1. **Digitalización del Turismo**: Implementar tecnologías avanzadas para mejorar la experiencia del turista, desde la reserva de servicios hasta la promoción y la gestión de destinos. Las plataformas digitales y las aplicaciones móviles pueden facilitar el acceso a información y servicios turísticos.

2. **Turismo Inteligente**: Desarrollar destinos turísticos inteligentes que utilicen datos y tecnología para gestionar el flujo de visitantes, optimizar recursos y mejorar la sostenibilidad. Esto incluye el uso de sensores, análisis de datos y sistemas de información en tiempo real.

Fortalecimiento de Infraestructura y Servicios

1. **Mejora de Infraestructuras**: Continuar invirtiendo en la mejora de infraestructuras clave, como aeropuertos, carreteras y servicios públicos, para facilitar el acceso y la movilidad de

los turistas. La conectividad aérea y terrestre es crucial para el crecimiento del sector.

2. **Formación y Capacitación**: Invertir en la formación y capacitación de la fuerza laboral en el sector turístico para asegurar un alto nivel de calidad en el servicio. Programas educativos y de formación profesional pueden mejorar las competencias y habilidades del personal.

Promoción y Marketing

1. **Promoción Internacional**: Fortalecer las campañas de promoción internacional para posicionar a la República Dominicana como un destino preferido en mercados clave. Participar en ferias de turismo, colaboraciones con influencers y campañas en redes sociales puede aumentar la visibilidad del país.

2. **Alianzas Estratégicas**: Formar alianzas con operadores turísticos, aerolíneas y otras partes interesadas para desarrollar paquetes turísticos atractivos y competitivos. Las alianzas pueden ayudar a crear experiencias completas y mejorar la oferta turística.

El turismo es un motor esencial de la economía dominicana, proporcionando ingresos, empleo y desarrollo. Sin embargo, es crucial enfrentar los desafíos relacionados con la sostenibilidad, la competencia y la percepción de seguridad para asegurar un crecimiento continuo y equilibrado. Aprovechar las oportunidades de diversificación, innovación y mejora de infraestructura puede fortalecer el sector turístico y garantizar que siga siendo un pilar de la economía dominicana, respetando y promoviendo la rica herencia cultural del país.

Capítulo 21: Cultura y preservación de tradiciones
Importancia de la cultura y tradiciones

La cultura y las tradiciones son los pilares fundamentales que sostienen la identidad de un pueblo. En el caso de la República Dominicana, la rica herencia cultural es un testimonio de su historia y la mezcla de influencias indígenas, africanas y europeas que han dado forma a la nación. La preservación de estas tradiciones es crucial para mantener el sentido de identidad, cohesión social y orgullo nacional.

Identidad y Pertenencia

1. **Sentido de Identidad**: La cultura y las tradiciones proporcionan un sentido de identidad y pertenencia a los dominicanos. Las costumbres, festividades, música, danza y gastronomía son elementos que definen quiénes son como pueblo y cómo se diferencian de otras culturas.
2. **Cohesión Social**: Las tradiciones y la cultura actúan como un pegamento social que une a las comunidades. Las celebraciones y rituales colectivos fortalecen los lazos entre las personas, promoviendo la solidaridad y la cooperación.
3. **Orgullo Nacional**: La riqueza cultural es una fuente de orgullo para los dominicanos. Celebrar y promover su herencia cultural no solo aumenta la autoestima colectiva, sino que también proyecta una imagen positiva del país en el escenario internacional.

Transmisión de Valores

1. **Valores y Normas Sociales**: A través de las tradiciones culturales, se transmiten valores y normas sociales de generación en generación. Estas tradiciones enseñan lecciones importantes sobre respeto, familia, trabajo y comunidad.
2. **Educación y Formación**: La cultura juega un papel esencial en la educación y formación de los jóvenes. Las historias,

leyendas y prácticas tradicionales son herramientas poderosas para enseñar historia, ética y civismo.

Diversidad y Creatividad

1. **Diversidad Cultural**: La diversidad cultural en la República Dominicana es una fuente de riqueza que debe ser celebrada y preservada. Esta diversidad fomenta la creatividad y la innovación, enriqueciendo la vida cultural del país.
2. **Creatividad Artística**: Las tradiciones culturales alimentan la creatividad artística en áreas como la música, la danza, la literatura y las artes visuales. La preservación de estas tradiciones asegura la continuidad de la producción cultural y artística.

Estrategias para la preservación cultural
Educación y Conciencia

1. **Incorporación en el Currículo Escolar**: Integrar la enseñanza de la historia, cultura y tradiciones dominicanas en el currículo escolar desde la educación primaria hasta la secundaria. Esto asegura que las nuevas generaciones comprendan y valoren su herencia cultural.
2. **Programas de Sensibilización**: Implementar programas de sensibilización y educación en comunidades para destacar la importancia de preservar las tradiciones culturales. Estos programas pueden incluir talleres, charlas y actividades comunitarias.

Apoyo a las Artes y la Cultura

1. **Financiamiento y Subvenciones**: Proporcionar financiamiento y subvenciones a artistas, artesanos y

organizaciones culturales para apoyar la creación y difusión de obras culturales. Esto incluye la promoción de festivales, exposiciones y espectáculos.

2. **Centros Culturales**: Establecer y mantener centros culturales en todo el país donde se puedan enseñar y practicar las tradiciones culturales. Estos centros pueden ofrecer clases de danza, música, artesanía y otros aspectos de la cultura dominicana.

Protección del Patrimonio Cultural

1. **Registro y Documentación**: Crear un registro nacional de tradiciones culturales, festividades, y lugares históricos. Documentar las prácticas culturales y su historia asegura que se preserven para futuras generaciones.
2. **Leyes y Políticas de Protección**: Implementar leyes y políticas que protejan el patrimonio cultural tangible e intangible. Esto incluye la protección de sitios históricos, monumentos y la promoción de prácticas culturales tradicionales.

Promoción y Difusión

1. **Medios de Comunicación**: Utilizar los medios de comunicación para promover y difundir la cultura dominicana. Programas de televisión, radio, y plataformas digitales pueden destacar la música, la danza, las festividades y otros aspectos de la cultura.
2. **Turismo Cultural**: Desarrollar el turismo cultural como una estrategia para preservar y promover la cultura dominicana. Esto incluye la creación de rutas culturales, la organización de festivales y la promoción de sitios históricos y culturales.

Participación Comunitaria

1. **Involucrar a la Comunidad**: Fomentar la participación activa de las comunidades en la preservación de sus tradiciones. Las comunidades locales son los guardianes de sus prácticas culturales y deben estar en el centro de cualquier iniciativa de preservación.
2. **Proyectos Comunitarios**: Apoyar proyectos comunitarios que promuevan y preserven las tradiciones culturales. Esto puede incluir talleres de artesanía, proyectos de revitalización de festividades tradicionales y la creación de espacios comunitarios para la práctica cultural.

La preservación de la cultura y las tradiciones es esencial para mantener la identidad y el orgullo nacional de la República Dominicana. A través de la educación, el apoyo a las artes, la protección del patrimonio cultural y la participación comunitaria, se pueden implementar estrategias efectivas para asegurar que la rica herencia cultural dominicana se conserve y se transmita a las futuras generaciones. La defensa de esta herencia es una tarea colectiva que fortalece la cohesión social y enriquece la vida de todos los dominicanos, contribuyendo a un sentido de identidad y pertenencia que es vital para el bienestar y el desarrollo del país.

Capítulo 22: Educación y formación de valores
Rol de la educación en la formación de identidad

La educación juega un papel fundamental en la formación de la identidad de los individuos y en la construcción de una sociedad cohesionada. En la República Dominicana, la educación es un vehículo crucial para transmitir valores, preservar la herencia cultural y fomentar un sentido de pertenencia y orgullo nacional. La educación no solo se trata de impartir conocimientos académicos, sino también de inculcar valores que guíen el comportamiento y las actitudes de las futuras generaciones.

Transmisión de Valores Culturales

1. **Identidad Nacional**: La educación en la República Dominicana debe centrarse en enseñar la historia y la cultura dominicanas. Conocer el pasado, los héroes nacionales y las tradiciones culturales ayuda a los estudiantes a desarrollar un fuerte sentido de identidad y orgullo nacional.
2. **Diversidad Cultural**: Es esencial enseñar a los estudiantes sobre la diversidad cultural del país, incluyendo las influencias indígenas, africanas y europeas que han moldeado la identidad dominicana. Esto fomenta el respeto y la apreciación por la diversidad.
3. **Patriotismo y Ciudadanía**: Inculcar valores de patriotismo y ciudadanía es fundamental para la construcción de una sociedad responsable y participativa. Los estudiantes deben aprender sobre sus derechos y deberes como ciudadanos y la importancia de contribuir al bien común.

Formación de Valores Éticos y Morales

1. **Respeto y Tolerancia**: La educación debe promover el respeto y la tolerancia hacia los demás, independientemente de sus diferencias. Esto es crucial para combatir la

discriminación y la xenofobia, y para fomentar una sociedad inclusiva.

2. **Responsabilidad y Honestidad**: Valores como la responsabilidad y la honestidad deben ser enfatizados desde una edad temprana. Estos valores son esenciales para el desarrollo de individuos íntegros y confiables.

3. **Solidaridad y Cooperación**: Fomentar la solidaridad y la cooperación entre los estudiantes es vital para construir una comunidad fuerte y unida. La educación debe enseñar la importancia de ayudar a los demás y trabajar juntos para alcanzar objetivos comunes.

Propuestas para fortalecer la educación en valores
Integración de Valores en el Currículo Escolar

1. **Educación Cívica y Ética**: Incluir asignaturas de educación cívica y ética en todos los niveles educativos. Estos cursos deben abordar temas como la historia nacional, la democracia, los derechos humanos, y los valores morales y éticos.

2. **Proyectos Comunitarios**: Implementar proyectos comunitarios como parte del currículo escolar. Estas actividades prácticas permiten a los estudiantes aplicar los valores que aprenden en el aula en situaciones de la vida real, promoviendo la responsabilidad social y la participación comunitaria.

Capacitación de Docentes

1. **Formación Continua**: Proporcionar formación continua a los docentes en la enseñanza de valores y educación cívica. Los maestros deben estar bien preparados para integrar estos temas en sus lecciones diarias y para actuar como modelos de

comportamiento ético.

2. **Herramientas y Recursos**: Desarrollar y distribuir materiales
    didácticos que ayuden a los docentes a enseñar valores de
    manera efectiva. Estos recursos pueden incluir guías, libros de
    texto, y actividades interactivas.

Participación de la Comunidad y las Familias

1. **Colaboración Escuela-Comunidad**: Fomentar la
    colaboración entre las escuelas y la comunidad para promover
    la educación en valores. Las actividades comunitarias, como
    los festivales culturales y los proyectos de servicio, pueden
    reforzar los valores enseñados en el aula.
2. **Involucrar a las Familias**: Involucrar a las familias en el
    proceso educativo es crucial para el éxito de la educación en
    valores. Las escuelas pueden organizar talleres y reuniones
    para padres donde se discutan la importancia de los valores y
    cómo pueden ser reforzados en el hogar.

Uso de Tecnología y Medios de Comunicación

1. **Plataformas Educativas**: Utilizar plataformas educativas en
    línea para enseñar y promover valores. Las tecnologías
    digitales pueden ofrecer recursos interactivos y atractivos que
    complementen la enseñanza tradicional.
2. **Campañas Mediáticas**: Implementar campañas mediáticas
    que promuevan valores positivos a través de la televisión, la
    radio y las redes sociales. Estos medios pueden ser
    herramientas poderosas para llegar a un público amplio y
    reforzar los mensajes de valores.

Evaluación y Seguimiento

1. **Evaluación Continua**: Establecer mecanismos de evaluación continua para medir el impacto de la educación en valores. Esto incluye encuestas, entrevistas y la observación de cambios en el comportamiento y las actitudes de los estudiantes.
2. **Retroalimentación y Mejora**: Utilizar los resultados de las evaluaciones para mejorar continuamente los programas de educación en valores. La retroalimentación de los estudiantes, padres y docentes es esencial para ajustar y optimizar las estrategias educativas.

La educación es una herramienta poderosa para la formación de la identidad y la inculcación de valores en la República Dominicana. Al integrar valores en el currículo escolar, capacitar a los docentes, involucrar a la comunidad y utilizar tecnologías modernas, se puede fortalecer la educación en valores y asegurar que las futuras generaciones sean ciudadanos responsables, éticos y orgullosos de su herencia cultural. La defensa y promoción de los valores culturales y morales son esenciales para el bienestar y el desarrollo sostenible de la sociedad dominicana.

Capítulo 23: Juventud y su papel en el futuro del país
Situación actual de la juventud dominicana

La juventud dominicana representa una porción significativa de la población del país y es crucial para el desarrollo futuro de la República Dominicana. Sin embargo, los jóvenes enfrentan diversos desafíos que afectan su capacidad para contribuir plenamente al progreso de la nación. Estos desafíos incluyen el acceso limitado a una educación de calidad, altas tasas de desempleo, y la exposición a influencias negativas como la delincuencia y la violencia.

Educación

1. **Calidad y Acceso**: Aunque ha habido avances en el sistema educativo dominicano, aún existen disparidades significativas en la calidad de la educación y el acceso a oportunidades educativas, especialmente en áreas rurales y desfavorecidas. Muchos jóvenes no completan su educación secundaria y aún menos acceden a la educación superior.
2. **Desigualdad Educativa**: La desigualdad en la calidad educativa afecta directamente las oportunidades laborales y el desarrollo personal de los jóvenes. La falta de recursos y la infraestructura inadecuada en muchas escuelas limitan el potencial educativo de los estudiantes.

Empleo y Economía

1. **Desempleo Juvenil**: La tasa de desempleo juvenil en la República Dominicana es alta, lo que crea una brecha significativa entre las habilidades adquiridas y las oportunidades laborales disponibles. Muchos jóvenes se encuentran en empleos informales o de baja calidad.
2. **Formación Profesional**: Existe una desconexión entre la formación profesional y las demandas del mercado laboral. Los programas de formación técnica y vocacional a menudo

no están alineados con las necesidades del sector privado, lo que dificulta la inserción laboral de los jóvenes.

Influencias Sociales y Culturales

1. **Delincuencia y Violencia**: La exposición a la delincuencia y la violencia es un problema grave que afecta a muchos jóvenes dominicanos. La falta de oportunidades y el entorno social desfavorable pueden llevar a algunos jóvenes a involucrarse en actividades delictivas.
2. **Acceso a la Cultura y el Deporte**: El acceso limitado a actividades culturales, deportivas y recreativas reduce las oportunidades para que los jóvenes desarrollen habilidades sociales y personales, y se mantengan alejados de influencias negativas.

Propuestas para el empoderamiento y participación juvenil
Educación y Capacitación

1. **Mejora del Sistema Educativo**: Invertir en la mejora de la calidad de la educación a todos los niveles. Esto incluye la formación continua de docentes, la actualización de currículos y la mejora de la infraestructura escolar.
2. **Acceso a la Educación Superior**: Facilitar el acceso a la educación superior y la formación técnica mediante becas, subsidios y programas de apoyo para estudiantes de bajos ingresos. Ampliar la oferta de carreras técnicas y profesionales alineadas con las demandas del mercado laboral.
3. **Programas de Formación Profesional**: Desarrollar programas de formación profesional y técnica que respondan a las necesidades del mercado laboral. Colaborar con el sector privado para asegurar que los programas de capacitación ofrezcan habilidades relevantes y prácticas.

Empleo y Emprendimiento

1. **Fomento del Emprendimiento**: Promover el emprendimiento juvenil a través de programas de apoyo, acceso a financiamiento, y la creación de incubadoras de negocios. Ofrecer capacitación en gestión empresarial y habilidades financieras.

2. **Incentivos para la Contratación Juvenil**: Implementar incentivos fiscales y programas de subsidios para empresas que contraten a jóvenes. Facilitar prácticas laborales y pasantías que permitan a los jóvenes adquirir experiencia y habilidades en el lugar de trabajo.

3. **Reducción del Empleo Informal**: Crear políticas y programas que incentiven la formalización del empleo juvenil. Proporcionar acceso a la seguridad social y beneficios laborales para los jóvenes empleados en el sector informal.

Participación Social y Cultural

1. **Acceso a Actividades Culturales y Deportivas**: Incrementar las oportunidades para que los jóvenes participen en actividades culturales, deportivas y recreativas. Desarrollar programas comunitarios que ofrezcan espacios seguros y accesibles para estas actividades.

2. **Fomento de la Participación Cívica**: Promover la participación de los jóvenes en procesos cívicos y democráticos. Incluir la educación cívica en el currículo escolar y organizar eventos que fomenten el debate y la participación activa en la vida pública.

3. **Prevención de la Delincuencia y la Violencia**: Implementar programas de prevención de la delincuencia y la violencia dirigidos a los jóvenes. Ofrecer apoyo psicológico, asesoramiento y actividades alternativas que mantengan a los

jóvenes alejados de influencias negativas.

Políticas de Apoyo y Protección

1. **Políticas Inclusivas**: Desarrollar políticas públicas que aborden las necesidades específicas de los jóvenes, incluyendo la salud mental, la igualdad de género y la inclusión social. Asegurar que estas políticas sean inclusivas y equitativas.
2. **Protección de Derechos**: Fortalecer la protección de los derechos de los jóvenes, garantizando su acceso a la justicia y protegiéndolos de la explotación, el abuso y la discriminación.

La juventud dominicana es fundamental para el futuro del país. Abordar los desafíos que enfrentan y proporcionar las herramientas y oportunidades necesarias para su desarrollo es crucial para construir una sociedad más justa, inclusiva y próspera. A través de la mejora del sistema educativo, la promoción del empleo y el emprendimiento, y el fomento de la participación social y cultural, se puede empoderar a los jóvenes para que se conviertan en agentes de cambio positivo y líderes del desarrollo nacional. La defensa de la herencia cultural y la identidad nacional también debe ser una prioridad, asegurando que las futuras generaciones comprendan y valoren su rica historia y tradiciones.

Capítulo 24: Defensa de la soberanía nacional
Medidas para proteger la soberanía

La soberanía nacional es un principio fundamental que garantiza la autonomía de la República Dominicana en la toma de decisiones que afectan su territorio, su población y su cultura. Proteger esta soberanía es crucial para preservar la identidad y la estabilidad del país. Ante los desafíos contemporáneos, es necesario implementar medidas efectivas para defender la soberanía nacional.

Fortalecimiento de las Fronteras

1. **Control Fronterizo Rigoroso**: Mejorar la vigilancia y el control en las fronteras terrestres, marítimas y aéreas. Esto incluye el uso de tecnología avanzada, como drones y sistemas de vigilancia electrónica, para detectar y prevenir entradas ilegales.

2. **Cooperación Internacional**: Establecer acuerdos de cooperación con países vecinos y organizaciones internacionales para el control fronterizo y la lucha contra el tráfico de personas, drogas y armas. La colaboración regional es esencial para una gestión eficaz de las fronteras.

Legislación y Políticas Migratorias

1. **Reforma Migratoria Integral**: Implementar una reforma migratoria que regule la entrada y estancia de extranjeros en el país. Esto incluye establecer procedimientos claros y justos para la regularización de inmigrantes y la deportación de aquellos que no cumplen con las leyes.

2. **Cumplimiento de la Ley**: Asegurar que las leyes migratorias se apliquen de manera rigurosa y equitativa. Las autoridades deben contar con los recursos y la capacitación necesarios para ejecutar estas leyes de manera efectiva.

Defensa Económica

1. **Protección del Comercio Local**: Implementar políticas que protejan la economía local y promuevan el comercio justo. Esto incluye la imposición de aranceles a productos extranjeros que compiten deslealmente con los productos nacionales.

2. **Inversión en Infraestructura**: Fortalecer la infraestructura nacional para reducir la dependencia de inversiones y productos extranjeros. Invertir en el desarrollo de sectores clave como la agricultura, la industria y la tecnología.

Seguridad Nacional

1. **Fortalecimiento de las Fuerzas Armadas**: Aumentar el presupuesto y los recursos destinados a las fuerzas armadas y la policía nacional para garantizar la seguridad interna y la defensa contra amenazas externas. La capacitación continua y el equipamiento adecuado son esenciales.

2. **Inteligencia y Prevención**: Desarrollar capacidades de inteligencia y prevención para identificar y neutralizar amenazas antes de que se materialicen. Esto incluye la vigilancia de grupos criminales y la cooperación con agencias de inteligencia internacionales.

Defensa de la Identidad Cultural

1. **Promoción de la Cultura Nacional**: Implementar programas que promuevan la cultura y las tradiciones dominicanas tanto a nivel nacional como internacional. Esto incluye festivales culturales, exposiciones y la enseñanza de la historia y cultura dominicanas en las escuelas.

2. **Protección del Patrimonio Cultural**: Establecer leyes y

políticas para proteger el patrimonio cultural tangible e intangible del país. Esto incluye la conservación de sitios históricos y la promoción de prácticas culturales tradicionales.

Casos de éxito y lecciones aprendidas

Caso de Éxito: Recuperación de la Soberanía en la Isla Beata

Descripción del Caso: En 2010, la República Dominicana enfrentó una situación crítica cuando una organización internacional intentó establecer una base de operaciones en la Isla Beata sin el consentimiento del gobierno dominicano. La respuesta rápida y firme del gobierno fue crucial para proteger la soberanía nacional.

Medidas Tomadas:

1. **Acción Diplomática**: El gobierno dominicano inició negociaciones diplomáticas con la organización involucrada y otros países miembros, subrayando la importancia de respetar la soberanía nacional.
2. **Refuerzo de la Presencia Militar**: Se incrementó la presencia militar en la Isla Beata para asegurar el control del territorio y disuadir cualquier intento de ocupación ilegal.
3. **Compromiso Internacional**: La República Dominicana fortaleció su compromiso con organizaciones internacionales y regionales para asegurar el respeto mutuo de la soberanía nacional.

Lecciones Aprendidas:

1. **Importancia de la Respuesta Rápida**: Una respuesta rápida y decisiva es esencial para proteger la soberanía nacional en situaciones de crisis.
2. **Papel de la Diplomacia**: La diplomacia efectiva y la cooperación internacional son cruciales para resolver

conflictos de soberanía sin recurrir a la violencia.

Caso de Éxito: Implementación del Programa de Protección del Patrimonio Cultural

Descripción del Caso: En 2015, la República Dominicana lanzó un programa nacional para la protección del patrimonio cultural, destinado a preservar sitios históricos y promover las tradiciones culturales del país. Este programa ha sido un éxito en la defensa de la identidad cultural dominicana.

Medidas Tomadas:

1. **Registro y Conservación**: Se creó un registro nacional de sitios históricos y prácticas culturales, y se destinaron recursos para su conservación y promoción.
2. **Educación y Sensibilización**: Se implementaron programas educativos para enseñar a las nuevas generaciones sobre la importancia del patrimonio cultural y la necesidad de preservarlo.
3. **Promoción Internacional**: Se promovió la cultura dominicana en el extranjero a través de embajadas y consulados, y mediante la participación en ferias y festivales internacionales.

Lecciones Aprendidas:

1. **Valor de la Educación**: La educación y la sensibilización son fundamentales para la preservación del patrimonio cultural.
2. **Importancia de la Inversión**: La inversión en la conservación y promoción del patrimonio cultural es esencial para proteger la identidad nacional y fortalecer la soberanía.

La defensa de la soberanía nacional es esencial para la estabilidad y el desarrollo de la República Dominicana. A través de medidas efectivas en control fronterizo, legislación migratoria, defensa económica, seguridad nacional y promoción de la cultura, el país puede proteger su soberanía y garantizar un futuro próspero. Los casos de éxito demuestran que la combinación de respuesta rápida, diplomacia efectiva y educación son clave para enfrentar los desafíos contemporáneos y preservar la identidad y autonomía del país.

Capítulo 25: Impacto de las redes sociales y la digitalización
Influencia de las redes sociales en la opinión pública

Las redes sociales se han convertido en una herramienta poderosa que influencia significativamente la opinión pública en la República Dominicana. Plataformas como Facebook, Twitter, Instagram y YouTube permiten la rápida difusión de información, facilitando la comunicación y la organización social. Sin embargo, también presentan desafíos importantes, como la propagación de desinformación y la polarización de la sociedad.

Formación de Opiniones

1. **Difusión de Información**: Las redes sociales permiten a los usuarios compartir noticias, opiniones y experiencias de manera instantánea, lo que puede influir rápidamente en la percepción pública sobre temas específicos. La velocidad y el alcance de estas plataformas pueden amplificar mensajes positivos y negativos.

2. **Desinformación y Noticias Falsas**: La rápida propagación de noticias falsas y desinformación es uno de los mayores desafíos de las redes sociales. Información inexacta o engañosa puede generar confusión, pánico y desconfianza, afectando la cohesión social y la estabilidad.

3. **Movilización Social**: Las redes sociales han demostrado ser una herramienta eficaz para la movilización social y política. Campañas de concientización, protestas y movimientos sociales a menudo comienzan en estas plataformas, demostrando su capacidad para influir en el cambio social.

Polarización y Discurso de Odio

1. **Cámaras de Eco**: Las redes sociales pueden crear "cámaras de eco", donde los usuarios solo se exponen a opiniones y contenido que refuerzan sus creencias preexistentes. Esto

puede llevar a la polarización y a la fragmentación de la
sociedad.

2. **Discurso de Odio**: El anonimato y la falta de regulación
   efectiva en las redes sociales pueden facilitar la difusión de
   discursos de odio, xenofobia y racismo. Estos mensajes
   pueden exacerbar las tensiones sociales y fomentar la división.

Influencia en la Identidad Cultural

1. **Globalización Cultural**: Las redes sociales facilitan el acceso
   a una amplia gama de contenidos culturales globales, lo que
   puede influir en las identidades y tradiciones locales. Es
   crucial equilibrar esta influencia con la promoción de la
   cultura y los valores nacionales.
2. **Promoción de la Cultura Local**: Al mismo tiempo, las redes
   sociales ofrecen una plataforma para promover la cultura
   dominicana a nivel nacional e internacional. Artistas, músicos
   y creadores de contenido pueden utilizar estas plataformas
   para difundir su trabajo y llegar a nuevas audiencias.

Estrategias para una presencia digital positiva
Educación y Alfabetización Digital

1. **Programas de Educación Digital**: Implementar programas
   educativos que enseñen a los ciudadanos a identificar
   desinformación y a utilizar las redes sociales de manera
   responsable. La alfabetización digital es esencial para
   fomentar una cultura de consumo crítico de la información.
2. **Capacitación para Jóvenes**: Desarrollar iniciativas
   específicas para capacitar a los jóvenes en el uso seguro y
   productivo de las redes sociales. Esto incluye talleres y cursos
   sobre privacidad en línea, seguridad digital y
   comportamiento ético en las redes.

Promoción de Contenidos Positivos

1. **Campañas de Concientización**: Lanzar campañas en redes sociales que promuevan valores positivos, como el respeto, la tolerancia y la solidaridad. Estas campañas pueden contrarrestar la desinformación y el discurso de odio, promoviendo una cultura de paz y convivencia.

2. **Incentivar la Creatividad Local**: Apoyar a creadores de contenido locales para que produzcan y difundan contenido que refleje y promueva la cultura dominicana. Esto puede incluir subvenciones, concursos y plataformas de promoción para artistas, músicos y escritores.

Regulación y Política

1. **Normativas y Regulaciones**: Desarrollar y aplicar normativas claras que regulen el uso de las redes sociales, protegiendo a los usuarios contra la desinformación y el discurso de odio. Las plataformas deben ser responsables del contenido que facilitan y deben colaborar con las autoridades para asegurar el cumplimiento de las leyes.

2. **Colaboración con Plataformas**: Trabajar en colaboración con las plataformas de redes sociales para mejorar los mecanismos de moderación y eliminación de contenido dañino. La cooperación internacional puede ser crucial para enfrentar estos desafíos de manera efectiva.

Participación Ciudadana y Democracia Digital

1. **Plataformas de Participación**: Desarrollar plataformas digitales que permitan a los ciudadanos participar activamente en el proceso democrático. Esto incluye espacios para el debate público, la consulta ciudadana y la

transparencia gubernamental.

2. **Fomento de la Participación Activa**: Promover la participación activa y constructiva de los ciudadanos en las redes sociales, alentando el debate respetuoso y la colaboración en temas de interés común.

Las redes sociales tienen un impacto profundo en la opinión pública y la identidad cultural de la República Dominicana. Si bien presentan desafíos significativos, como la desinformación y la polarización, también ofrecen oportunidades únicas para la promoción de valores positivos y la participación ciudadana. A través de la educación digital, la promoción de contenidos positivos, la regulación efectiva y la participación activa, se puede construir una presencia digital que fortalezca la cohesión social, promueva la identidad cultural y fomente un diálogo constructivo y respetuoso. La defensa de la herencia cultural dominicana y la protección de la soberanía nacional también deben ser prioridades en este entorno digital.

Capítulo 26: Desafíos ambientales y sostenibilidad
Problemas ambientales actuales

La República Dominicana enfrenta una serie de desafíos ambientales que amenazan su desarrollo sostenible y la calidad de vida de sus ciudadanos. Entre estos problemas se encuentran la deforestación, la contaminación del agua y del aire, la gestión inadecuada de residuos y el impacto del cambio climático. Abordar estos problemas es crucial para asegurar un futuro sostenible para el país.

Deforestación y Pérdida de Biodiversidad

1. **Deforestación**: La tala indiscriminada de árboles para la agricultura, la ganadería y la explotación maderera ha llevado a una significativa pérdida de cobertura forestal. Esto no solo afecta la biodiversidad, sino que también contribuye a la erosión del suelo y la desertificación.

2. **Pérdida de Biodiversidad**: La deforestación y la destrucción de hábitats naturales ponen en peligro muchas especies de flora y fauna. La pérdida de biodiversidad reduce la resiliencia de los ecosistemas y afecta la capacidad del país para enfrentar el cambio climático y otros desafíos ambientales.

Contaminación del Agua y del Aire

1. **Contaminación del Agua**: La descarga de desechos industriales y domésticos en ríos y mares contamina los recursos hídricos, afectando la salud humana y los ecosistemas acuáticos. La falta de infraestructura adecuada para el tratamiento de aguas residuales agrava este problema.
2. **Contaminación del Aire**: Las emisiones de vehículos, industrias y la quema de residuos contribuyen a la contaminación del aire, especialmente en áreas urbanas. La calidad del aire pobre tiene efectos negativos en la salud pública, incluyendo enfermedades respiratorias y cardiovasculares.

Gestión de Residuos

1. **Residuos Sólidos**: La gestión ineficaz de residuos sólidos es un problema crítico en muchas áreas del país. Los vertederos a cielo abierto y la falta de programas de reciclaje adecuados llevan a la contaminación del suelo y del agua, así como a problemas de salud pública.
2. **Residuos Plásticos**: El uso generalizado de plásticos de un solo uso y la falta de sistemas de reciclaje efectivos resultan en una acumulación de residuos plásticos que contaminan el entorno natural y afectan la vida silvestre.

Impacto del Cambio Climático

1. **Eventos Climáticos Extremos**: El cambio climático ha aumentado la frecuencia e intensidad de eventos climáticos extremos como huracanes, tormentas tropicales y sequías. Estos eventos causan daños significativos a la infraestructura, la agricultura y la vida humana.
2. **Riesgo de Inundaciones y Deslizamientos**: La deforestación y la urbanización descontrolada aumentan el riesgo de inundaciones y deslizamientos de tierra, especialmente en áreas vulnerables.

Propuestas para una mayor sostenibilidad
Conservación y Restauración de Ecosistemas

1. **Reforestación y Conservación Forestal**: Implementar programas de reforestación masiva y conservación forestal para restaurar los ecosistemas dañados y proteger los existentes. Fomentar la plantación de árboles nativos y la creación de corredores ecológicos.
2. **Protección de Áreas Naturales**: Fortalecer la protección de áreas naturales y parques nacionales mediante leyes y políticas efectivas. Promover la creación de nuevas áreas protegidas para salvaguardar la biodiversidad.

Gestión Sostenible del Agua

1. **Tratamiento de Aguas Residuales**: Desarrollar infraestructura para el tratamiento adecuado de aguas residuales tanto en áreas urbanas como rurales. Promover tecnologías de tratamiento de agua que sean eficientes y sostenibles.
2. **Conservación de Recursos Hídricos**: Implementar políticas de conservación de agua, incluyendo la promoción de prácticas agrícolas sostenibles y la gestión integrada de

recursos hídricos. Fomentar la recolección de agua de lluvia y el uso eficiente del agua.

Reducción de la Contaminación

1. **Control de Emisiones**: Establecer regulaciones más estrictas para controlar las emisiones de vehículos e industrias. Fomentar el uso de tecnologías limpias y renovables para reducir la contaminación del aire.
2. **Gestión de Residuos**: Implementar programas de gestión de residuos sólidos que incluyan la reducción, reutilización y reciclaje de materiales. Promover la economía circular y la responsabilidad extendida del productor.

Adaptación y Mitigación del Cambio Climático

1. **Planes de Adaptación**: Desarrollar planes de adaptación al cambio climático que incluyan la construcción de infraestructura resiliente, la protección de zonas costeras y la gestión del riesgo de desastres.
2. **Energías Renovables**: Fomentar el desarrollo y la utilización de fuentes de energía renovable como la solar, eólica y hidroeléctrica. Establecer incentivos para la adopción de tecnologías limpias y la eficiencia energética.

Educación y Conciencia Ambiental

1. **Programas Educativos**: Implementar programas educativos sobre sostenibilidad y protección ambiental en todos los niveles escolares. Fomentar la conciencia ambiental desde una edad temprana.
2. **Campañas de Sensibilización**: Realizar campañas de sensibilización para informar a la población sobre la

importancia de la conservación ambiental y las prácticas sostenibles. Involucrar a la comunidad en iniciativas de limpieza y conservación.

La República Dominicana enfrenta importantes desafíos ambientales que requieren una acción inmediata y sostenida. La implementación de estrategias integrales de conservación, gestión sostenible y adaptación al cambio climático es crucial para asegurar un futuro sostenible para el país. A través de la educación, la regulación efectiva y la promoción de prácticas sostenibles, se puede proteger el medio ambiente y mejorar la calidad de vida de todos los dominicanos. La defensa de la herencia cultural y natural es fundamental para preservar la identidad y la soberanía nacional, asegurando que las futuras generaciones puedan disfrutar de un entorno saludable y próspero.

Capítulo 27: Innovación y tecnología en el desarrollo del país
Papel de la tecnología en el desarrollo

La tecnología y la innovación son motores clave para el desarrollo económico y social de cualquier país. En la República Dominicana, la adopción y el fomento de tecnologías avanzadas pueden transformar diversos sectores, desde la educación y la salud hasta la industria y la agricultura. La integración de la tecnología no solo mejora la eficiencia y la productividad, sino que también crea nuevas oportunidades de empleo y eleva la calidad de vida de los ciudadanos.

Transformación Digital

1. **Educación**: La tecnología puede revolucionar el sistema educativo, proporcionando acceso a recursos educativos en línea, plataformas de aprendizaje a distancia y herramientas interactivas. Esto permite una educación más inclusiva y personalizada, llegando a comunidades remotas y mejorando la calidad de la enseñanza.

2. **Salud**: La telemedicina y los sistemas de salud digital pueden mejorar el acceso a servicios médicos, especialmente en áreas rurales. Los sistemas de información sanitaria permiten una mejor gestión de los recursos y una atención más eficiente y personalizada.

Industria y Agricultura

1. **Industria 4.0**: La adopción de tecnologías avanzadas como la inteligencia artificial (IA), el Internet de las cosas (IoT) y la automatización puede transformar la industria manufacturera, aumentando la productividad y reduciendo costos. Esto es esencial para mantener la competitividad en el mercado global.

2. **Agricultura Inteligente**: La tecnología puede optimizar la producción agrícola mediante el uso de sensores, drones y

análisis de datos para monitorizar cultivos, gestionar recursos y mejorar la eficiencia. La agricultura de precisión permite un uso más sostenible de los recursos naturales y aumenta los rendimientos.

Infraestructura y Energía

1. **Energías Renovables**: La inversión en tecnologías de energía renovable, como la solar y la eólica, es crucial para la sostenibilidad. La adopción de tecnologías limpias reduce la dependencia de combustibles fósiles, disminuye la huella de carbono y proporciona energía accesible y asequible.
2. **Infraestructura Inteligente**: El desarrollo de ciudades inteligentes con infraestructura conectada mejora la gestión urbana, reduce el consumo de energía y mejora la calidad de vida de los ciudadanos. Esto incluye sistemas de transporte inteligente, gestión eficiente de residuos y edificios sostenibles.

Estrategias para fomentar la innovación
Inversión en Investigación y Desarrollo (I+D)

1. **Fomento del I+D**: Incrementar la inversión pública y privada en investigación y desarrollo es fundamental para fomentar la innovación. Esto incluye la creación de fondos de apoyo, incentivos fiscales y subvenciones para proyectos innovadores.
2. **Colaboración entre Academia e Industria**: Promover la colaboración entre universidades, centros de investigación y empresas privadas para desarrollar soluciones tecnológicas y transferir conocimientos. Los parques tecnológicos y los hubs de innovación pueden servir como plataformas para esta colaboración.

Desarrollo de Talento

1. **Formación en STEM**: Fortalecer la educación en ciencia, tecnología, ingeniería y matemáticas (STEM) desde la educación primaria hasta la universitaria. Programas específicos de formación y becas pueden incentivar a los jóvenes a seguir carreras en estos campos.
2. **Capacitación Continua**: Ofrecer programas de capacitación continua y reentrenamiento para la fuerza laboral existente, asegurando que los trabajadores estén equipados con las habilidades necesarias para adaptarse a las nuevas tecnologías y demandas del mercado laboral.

Apoyo a Emprendedores y Startups

1. **Ecosistema de Emprendimiento**: Desarrollar un ecosistema de apoyo para emprendedores y startups, que incluya incubadoras, aceleradoras y acceso a capital de riesgo. Crear un entorno regulatorio favorable y simplificar los trámites burocráticos para la creación de nuevas empresas.
2. **Redes de Mentores**: Establecer redes de mentores y asesores que puedan guiar a los emprendedores en sus proyectos, ofreciendo experiencia, contactos y apoyo estratégico.

Infraestructura Tecnológica

1. **Conectividad y Acceso a Internet**: Mejorar la infraestructura de telecomunicaciones para garantizar el acceso a internet de alta velocidad en todo el país, especialmente en áreas rurales. La conectividad es esencial para la participación en la economía digital y el acceso a servicios educativos y de salud.
2. **Centros de Innovación**: Crear centros de innovación y

laboratorios de fabricación digital (fablabs) donde los individuos y las empresas puedan acceder a tecnologías avanzadas y recursos para el desarrollo de prototipos y proyectos innovadores.

Políticas y Regulaciones

1. **Marco Regulatorio**: Desarrollar un marco regulatorio que promueva la innovación y la adopción de tecnologías, asegurando la protección de datos y la privacidad de los usuarios. Las políticas deben ser flexibles y adaptarse rápidamente a los cambios tecnológicos.
2. **Incentivos Fiscales**: Implementar incentivos fiscales para las empresas que inviertan en I+D y adopten tecnologías innovadoras. Esto puede incluir exenciones fiscales, créditos fiscales y deducciones por inversiones en tecnologías limpias y sostenibles.

La innovación y la tecnología son pilares fundamentales para el desarrollo de la República Dominicana. A través de la inversión en I+D, el desarrollo del talento, el apoyo a emprendedores y la mejora de la infraestructura tecnológica, el país puede avanzar hacia una economía más competitiva y sostenible. La adopción de tecnologías avanzadas no solo mejorará la productividad y la eficiencia, sino que también creará nuevas oportunidades de empleo y elevará la calidad de vida de los ciudadanos. Defender y promover la herencia cultural dominicana en este contexto es crucial para asegurar que el progreso tecnológico se alinee con los valores y la identidad del país, contribuyendo a un desarrollo integral y equilibrado.

Capítulo 28: Derechos humanos y justicia social

Situación de los derechos humanos en la República Dominicana

La situación de los derechos humanos en la República Dominicana es compleja y multifacética, reflejando tanto avances significativos como desafíos persistentes. La protección y promoción de los derechos humanos son fundamentales para asegurar una sociedad justa y equitativa, donde todos los ciudadanos puedan vivir con dignidad y respeto.

Avances en Derechos Humanos

1. **Mejoras Legislativas**: En los últimos años, la República Dominicana ha adoptado diversas leyes y políticas destinadas a proteger los derechos humanos. Esto incluye la legislación contra la violencia de género, leyes de protección a la infancia y políticas para mejorar el acceso a la educación y la salud.

2. **Instituciones de Derechos Humanos**: La creación de instituciones como la Defensoría del Pueblo y comisiones de derechos humanos ha fortalecido el marco institucional para la protección de los derechos humanos. Estas entidades trabajan para monitorear, defender y promover los derechos de los ciudadanos.

Desafíos Persistentes

1. **Violencia y Discriminación**: La violencia de género y la discriminación racial siguen siendo problemas graves. Las mujeres, las comunidades afrodescendientes y los inmigrantes, especialmente los haitianos, a menudo enfrentan violencia, discriminación y marginalización.

2. **Derechos de los Migrantes**: Los inmigrantes haitianos y sus descendientes a menudo enfrentan desafíos significativos, incluidos problemas de documentación, acceso limitado a servicios básicos y discriminación. La falta de políticas migratorias inclusivas y justas exacerba estas dificultades.

3. **Acceso a la Justicia**: La corrupción y la falta de recursos en el

sistema judicial afectan el acceso a la justicia para muchos dominicanos. La impunidad por crímenes y violaciones de derechos humanos sigue siendo un problema importante.

4. **Condiciones Carcelarias**: Las condiciones en las cárceles dominicanas son deficientes, con hacinamiento, violencia y falta de acceso a servicios básicos. Esto viola los derechos humanos de los reclusos y requiere una reforma urgente.

Propuestas para una mayor justicia social

Para avanzar hacia una sociedad más justa y equitativa, es crucial implementar políticas y medidas que aborden las desigualdades y promuevan el respeto a los derechos humanos.

Fortalecimiento del Marco Legal e Institucional

1. **Reformas Legislativas**: Continuar reformando las leyes para proteger mejor los derechos humanos, incluyendo leyes específicas contra la discriminación racial y de género, y mejorar las políticas migratorias para incluir a los inmigrantes de manera justa y equitativa.

2. **Fortalecimiento de Instituciones**: Aumentar los recursos y la independencia de las instituciones de derechos humanos, como la Defensoría del Pueblo y las comisiones de derechos humanos, para que puedan desempeñar su labor de manera efectiva.

Educación y Sensibilización

1. **Programas Educativos**: Implementar programas educativos en todos los niveles escolares que enseñen sobre los derechos humanos y la importancia de la justicia social. La educación es una herramienta poderosa para cambiar actitudes y comportamientos.

2. **Campañas de Sensibilización**: Realizar campañas de

sensibilización dirigidas a la población en general para promover el respeto y la comprensión de los derechos humanos. Estas campañas deben abordar temas como la violencia de género, la discriminación racial y los derechos de los migrantes.

Acceso a la Justicia

1. **Reforma del Sistema Judicial**: Implementar reformas en el sistema judicial para reducir la corrupción y mejorar el acceso a la justicia. Esto incluye capacitar a jueces y fiscales, aumentar la transparencia y proporcionar recursos adecuados.
2. **Asistencia Legal Gratuita**: Ofrecer servicios de asistencia legal gratuita a las personas que no pueden costear abogados, asegurando que todos tengan acceso a la defensa y protección de sus derechos.

Condiciones Carcelarias

1. **Mejora de Infraestructuras**: Invertir en la mejora de las infraestructuras carcelarias para reducir el hacinamiento y mejorar las condiciones de vida de los reclusos. Esto incluye acceso a servicios de salud, educación y programas de rehabilitación.
2. **Programas de Rehabilitación**: Implementar programas de rehabilitación y reintegración para los reclusos, ayudándoles a reintegrarse en la sociedad y reducir la reincidencia delictiva.

Inclusión y Participación Social

1. **Políticas de Inclusión**: Desarrollar y aplicar políticas de inclusión social que aborden las necesidades de las comunidades más vulnerables, como las comunidades

afrodescendientes, los inmigrantes y las personas con discapacidad.

2. **Participación Ciudadana:** Fomentar la participación activa de los ciudadanos en la toma de decisiones y en el desarrollo de políticas públicas. La participación ciudadana es esencial para una democracia saludable y para asegurar que las políticas reflejen las necesidades de la población.

La promoción y protección de los derechos humanos y la justicia social son fundamentales para el desarrollo de la República Dominicana. A través del fortalecimiento del marco legal e institucional, la educación y sensibilización, el acceso a la justicia, la mejora de las condiciones carcelarias y la promoción de la inclusión y participación social, se puede construir una sociedad más justa, equitativa y respetuosa de los derechos humanos. Defender la herencia cultural y la identidad nacional dominicana también implica asegurar que todos los ciudadanos vivan con dignidad y respeto, contribuyendo a un futuro más próspero y armonioso para todos.

Capítulo 29: Seguridad y protección ciudadana
Situación de la seguridad pública

La seguridad pública en la República Dominicana enfrenta múltiples desafíos que afectan la tranquilidad y el bienestar de sus ciudadanos. La criminalidad, la violencia y la inseguridad son problemas persistentes que requieren soluciones integrales y efectivas. Estos problemas se agravan debido a factores como la pobreza, el desempleo, la corrupción y la falta de recursos adecuados para las fuerzas del orden.

Criminalidad y Violencia

1. **Delincuencia Común:** El robo, el asalto y otras formas de delincuencia común son preocupaciones diarias para muchos dominicanos. Estos crímenes afectan la calidad de vida y generan un clima de miedo e inseguridad en las comunidades.

2. **Violencia de Género**: La violencia contra las mujeres sigue siendo un problema grave. Los casos de feminicidio, abuso doméstico y violencia sexual son alarmantemente frecuentes y requieren una atención urgente y continua.

3. **Pandillas y Narcotráfico**: La presencia de pandillas y el narcotráfico contribuyen significativamente a la violencia y el crimen organizado. Estos grupos operan en muchas áreas, exacerbando la inseguridad y dificultando las labores de las autoridades.

Factores Contribuyentes

1. **Pobreza y Desigualdad**: La pobreza y la desigualdad social son factores subyacentes que impulsan la criminalidad. La falta de oportunidades económicas y educativas lleva a muchas personas, especialmente jóvenes, a recurrir al crimen.

2. **Corrupción**: La corrupción dentro de las fuerzas del orden y el sistema judicial socava la confianza pública y la eficacia en la lucha contra el crimen. La impunidad para los delincuentes y la falta de justicia para las víctimas perpetúan el ciclo de violencia.

3. **Falta de Recursos**: Las fuerzas del orden a menudo carecen de los recursos necesarios para realizar su trabajo de manera efectiva. Esto incluye falta de equipo, entrenamiento y apoyo logístico.

Medidas para mejorar la protección ciudadana

Para abordar estos problemas, se necesitan estrategias integrales que incluyan la prevención del crimen, la mejora de las capacidades de las fuerzas del orden y la promoción de la justicia social.

Fortalecimiento de las Fuerzas del Orden

1. **Capacitación y Profesionalización**: Implementar programas

de capacitación continua para la policía y otras fuerzas del orden, enfocándose en técnicas modernas de prevención del crimen, derechos humanos y manejo de crisis.

2. **Equipamiento Adecuado**: Proveer a las fuerzas del orden con el equipo necesario para realizar su trabajo de manera efectiva y segura. Esto incluye vehículos, tecnología de comunicación y equipo de protección personal.

3. **Transparencia y Rendición de Cuentas**: Establecer mecanismos de supervisión y rendición de cuentas para prevenir la corrupción y asegurar que los agentes de la ley actúen con integridad y profesionalismo.

Prevención del Crimen

1. **Programas de Inclusión Social**: Desarrollar programas que ofrezcan oportunidades educativas y laborales para jóvenes en riesgo, con el objetivo de alejarlos del crimen. Esto incluye talleres de formación, actividades deportivas y culturales, y apoyo psicológico.

2. **Rehabilitación y Reinserción**: Implementar programas de rehabilitación para delincuentes que incluyan educación, formación laboral y apoyo psicológico, con el fin de facilitar su reinserción en la sociedad y reducir la reincidencia.

3. **Comunidad y Policía**: Fomentar la colaboración entre la comunidad y la policía a través de iniciativas de policía comunitaria. Esto puede incluir reuniones regulares, patrullajes conjuntos y la creación de comités de seguridad vecinal.

Mejora del Sistema Judicial

1. **Reforma Judicial**: Implementar reformas que aseguren un sistema judicial eficiente y justo. Esto incluye reducir la

burocracia, mejorar la transparencia y asegurar la protección de los derechos humanos.

2. **Asistencia Legal**: Proveer asistencia legal gratuita a aquellos que no pueden costear abogados, asegurando el acceso equitativo a la justicia para todos los ciudadanos.

Iniciativas de Seguridad Pública

1. **Tecnología y Vigilancia**: Utilizar tecnología avanzada para mejorar la vigilancia y la prevención del crimen. Esto puede incluir cámaras de seguridad, sistemas de monitoreo y análisis de datos para identificar patrones criminales y responder de manera proactiva.

2. **Campañas de Sensibilización**: Desarrollar campañas de sensibilización dirigidas a la población para fomentar la participación ciudadana en la prevención del crimen y la promoción de una cultura de paz y legalidad.

Políticas de Justicia Social

1. **Reducción de la Pobreza**: Implementar políticas públicas que aborden la pobreza y la desigualdad social. Esto incluye la creación de empleos, la mejora de la educación y el acceso a servicios básicos.

2. **Acceso a la Salud Mental**: Proveer servicios de salud mental accesibles y asequibles para la población, con un enfoque especial en la prevención y tratamiento de adicciones y problemas de salud mental que puedan conducir a la criminalidad.

La seguridad y la protección ciudadana son esenciales para el desarrollo y la estabilidad de la República Dominicana. Abordar los problemas de criminalidad, violencia y corrupción requiere un enfoque integral que combine el fortalecimiento de las fuerzas del orden, la prevención del crimen y la promoción de la justicia social. A través de estas medidas, es posible construir una sociedad más segura y justa, donde todos los ciudadanos puedan vivir con tranquilidad y dignidad. La defensa de la herencia cultural y la identidad nacional también implica garantizar la seguridad y el bienestar de todos los dominicanos, promoviendo un entorno donde la paz y la justicia prevalezcan.

Capítulo 30: Conclusiones y propuestas para el futuro

Resumen de los puntos clave

La República Dominicana enfrenta una serie de desafíos derivados de la influencia internacional y las tensiones internas que afectan su idiosincrasia y soberanía. A lo largo de los capítulos, hemos explorado cómo la historia, la cultura, y las políticas externas e internas moldean la situación actual del país. Aquí, resumimos los puntos clave discutidos y presentamos propuestas y estrategias para asegurar un futuro mejor para la República Dominicana.

Identidad y Cultura

1. **Preservación de la Herencia Cultural**: La herencia Taina, mestiza y judeo-cristiana es fundamental para la identidad dominicana. La defensa de esta herencia es crucial para mantener la cohesión social y el orgullo nacional.

2. **Impacto de la Agenda Internacional**: La presión para integrar a la población haitiana y otras influencias externas amenaza con diluir la identidad cultural dominicana. La resistencia a la unificación forzada y la defensa de la soberanía son esenciales para proteger la idiosincrasia del país.

Políticas y Economía

1. **Evasión de Leyes por Negocios Extranjeros**: La evasión fiscal y la contratación de mano de obra ilegal por parte de negocios chinos y otros empresarios extranjeros afectan negativamente la economía dominicana y excluyen a los trabajadores locales.

2. **Corrupción y Desfalco del Erario Público**: La corrupción política sigue siendo un obstáculo significativo para el desarrollo. La transparencia y la rendición de cuentas son necesarias para restaurar la confianza pública y asegurar un uso eficiente de los recursos públicos.

Seguridad y Justicia Social

1. **Seguridad Pública y Protección Ciudadana**: La criminalidad, la violencia y la corrupción en el sistema judicial socavan la seguridad y el bienestar de los ciudadanos. Es fundamental fortalecer las fuerzas del orden y reformar el sistema judicial.
2. **Derechos Humanos y Justicia Social**: La protección de los derechos humanos y la promoción de la justicia social son esenciales para una sociedad equitativa. Las políticas inclusivas y el acceso a servicios básicos son necesarios para mejorar la calidad de vida de todos los dominicanos.

Propuestas y estrategias para un futuro mejor
Fortalecimiento de la Identidad y la Cultura

1. **Educación Cultural**: Implementar programas educativos que enfaticen la importancia de la herencia Taina, mestiza y judeo-cristiana. La educación en valores culturales fortalecerá la identidad nacional.
2. **Protección del Patrimonio**: Establecer leyes y políticas para proteger sitios históricos y promover las tradiciones culturales. Esto incluye la celebración de festividades y la preservación de prácticas artesanales y culinarias.

Políticas Económicas y de Desarrollo

1. **Reformas Fiscales y Laborales**: Asegurar que todos los negocios cumplan con las leyes fiscales y laborales. Implementar sanciones estrictas para la evasión fiscal y la contratación ilegal de trabajadores extranjeros.
2. **Apoyo a los Emprendedores Locales**: Crear programas de apoyo para emprendedores y pequeñas empresas

dominicanas, incluyendo acceso a financiamiento, capacitación y redes de mentores.

Transparencia y Rendición de Cuentas

1. **Fortalecimiento de las Instituciones**: Aumentar la autonomía y los recursos de las instituciones encargadas de supervisar y auditar el uso de los recursos públicos. La transparencia y la rendición de cuentas deben ser pilares fundamentales del gobierno.
2. **Participación Ciudadana**: Fomentar la participación activa de los ciudadanos en la toma de decisiones y en la vigilancia de la gestión pública. La colaboración entre el gobierno y la sociedad civil es esencial para combatir la corrupción.

Seguridad y Justicia

1. **Capacitación y Equipamiento de la Policía**: Proveer a las fuerzas del orden con el entrenamiento y el equipamiento necesarios para garantizar la seguridad pública. La implementación de la policía comunitaria puede fortalecer la relación entre la policía y la ciudadanía.
2. **Reforma Judicial**: Implementar reformas en el sistema judicial para asegurar un acceso equitativo a la justicia y reducir la impunidad. Los programas de asistencia legal gratuita pueden ayudar a los ciudadanos más vulnerables.

Inclusión y Justicia Social

1. **Políticas de Inclusión**: Desarrollar políticas inclusivas que aborden las necesidades de las comunidades más vulnerables. Esto incluye mejorar el acceso a la educación, la salud y los servicios básicos para todos los ciudadanos.

2. **Promoción de los Derechos Humanos**: Fortalecer las instituciones de derechos humanos y asegurar que se respeten los derechos de todos los individuos, incluyendo inmigrantes y minorías. La educación en derechos humanos debe ser una prioridad en todos los niveles escolares.

La República Dominicana se encuentra en una encrucijada donde las decisiones que se tomen hoy definirán su futuro. La defensa de la identidad cultural, la implementación de políticas económicas justas, la lucha contra la corrupción y la promoción de la justicia social son esenciales para asegurar un futuro próspero y equitativo para todos los dominicanos. A través de un compromiso colectivo y una visión clara, es posible construir una nación donde la paz, la seguridad y la justicia prevalezcan, respetando siempre la rica herencia cultural y la soberanía nacional.